# 人類使用指南

## 徹底觀察人心與行動，遠離人際壓力

倉橋　真矢子　著
楊鈺儀　譯

# 前言

「我的興趣是觀察人！」

這麼一說，多會聽到「喔～是這樣啊」「哈哈哈」的回應。這種興趣沒什麼公民權。

可是，觀察人真的是很了不得的一件事。

若說「我的興趣是觀察眾生百態」，或許會令人瞠目結舌，但**若將程度提升到是「我的絕技是觀察人！」就又另當別論了**。

我觀察人的經歷有「幾十年」了。長時間以各種方式觀察人的心理、活動，幾乎可以說最快是以「秒」為單位。最慢只要持續進行對話，幾乎就能掌握對方的大致性格傾向。

我有開設以「人心與行動」為主題的講座，也有在企業、學校等處舉辦演講及研修。

此外，雖然也有進行從身體著手整頓個性，但這些全部都是立基於觀察人的延長線上。

觀察人……再沒有比這更切身又深奧、有趣的事。

說起一般的觀察眾生百態，大多會認為是觀察街上行人，或是在咖啡廳等處豎耳傾聽旁人對話，找尋是否有有趣之處（包含奇怪的人以及閒話八卦在內）。

但本書中所要介紹的觀察人主旨並非如此。

這個方法是找尋人們的有趣之處並更加深入，透過觀察，了解包含人為什麼會有那樣的行動？深入到人的深層心理。

既不需要知道對方的生日、血型，也不需要特殊的道具、知識。

即便是只看到了服裝、身上的配飾、姿勢、舉止、音量、話題、口頭禪幾個重點，在略微的互動中，就能得知對方是什麼樣的人、重視什麼東西、討厭什麼。

而且不需要一直盯著人看，只要如常地和對方互動，即便是初次見面的人，在短短幾分鐘內，也能明確知道他的個性傾向。

譬如，我們也可以從對方選擇的座位、記筆記的方式等得知許多事情。

這麼一說似是有什麼特殊能力般，但其實並非如此。

這種方法奠基於心理學等學問、性格分析理論，所以可以完美實踐。

也就是說，具體而言超簡單。所有人都只要稍微練習一下，就能掌握重點。這本書所要告訴大家的就是「究級的觀察人方法」。

那麼，為什麼觀察人後煩惱就會消失了呢？煩惱會消失的原因有很多！例如以下這些：

- 完全了解一個人的性格。
- 不會為了一個人（也包含家人以及同事在內）的言行舉止而無謂地煩躁。
- 在一個新環境中能輕鬆建立起人際關係。
- 人際關係會變得很圓融。
- 清楚知道如何面對自己的性格與情緒。
- 了解自己現在的壓力狀態。
- 清楚了解自己，減少請人幫忙的情況。
- 冷靜行動。
- 不會認為「只能這樣做！」可以從各種選項中自己做出選擇。

若要細細舉例，還有很多原因。

或是家庭的問題，或是在職場中所感受到的不愉快都會消失，這麼一來就能平心靜氣過生活，在工作上也容易做出成果，提升收入！其他還有非常適合「正在找尋好的打工機會」的人的內容。

雖說只是觀察人世百態……但若窮究到底，可是非常厲害的。

本書是由六個章節所構成。

首先在第一章中，會詳盡地說明觀察人的概要，以及窮其究竟後將會發生的「好事」。

接下來第二章中，將介紹具體的觀察人方法。

之後的第三章到第五章中，則會以這個方法為根據，使用具體事例，更詳盡解說觀察人的方法以及識別法。最後的第六章則是自我檢測。

我們不僅要好好了解他人，也可以透過別人來仔細觀察自己，重新認識自己的優點，以活用在日常中。

在這世上，每天都忙碌不堪，在各方面都會累積壓力，也會引發各種不安，但在這樣的情況中，我們依舊能順利與人來往，獲得自己真正期望的人生。若能知道這樣的方法就太好了。

最後請各位愉快閱讀到最後吧！

# 目錄



## Chapter 1 懂得觀察人有這些好處

Chapter 2

## 究極觀察法——從小細節看人

Chapter 3

# 知道行動原理，就能理解

Chapter 4

# 一承受壓力，性格就會改變！

Chapter 5

# 試著把人分群！

Chapter 6

# 知道自己個性的方法

# Chapter 1

# 懂得觀察人有這些好處

## 其一
# 完全了解「一個人的性格」

那麼，「觀察人到了極致」是會變成怎樣呢？

一般來說，觀察人時會做出類似「這點還真是令人討厭啊……」的負面檢測，發現日常中奇怪的人……或許很多時候人們都會認為是這樣的意思。

當然這的確也是其中的一面，但試著更深一層去看，觀察人對現實生活確有著非常好的影響。

例如，伙伴經常會做出像是「我好不容易做了○○」這種言行舉止，每碰到這種情況自己都會煩躁不高興！──我曾碰過因為這種情況而前來諮商的案例。

「他還真有臉說出這種施恩望報的話啊！」「我也做了不少事啊！」等等，我非常能理解這種心情。

不過，碰上這種事情時，先不要煩躁不安和不愉快，可以試著透過觀察，看穿對方最本質的部分。

**為什麼他會有那樣的言行舉止呢?**可以試著深入這一點。

如此一來，我們將會了解，在「我都幫你做○○了……」這句話的背後，是「希望自己為人做的某件事可以獲得認可」。說得更甚些，這分欲求來自於「不被人認可的不安」，又或者是「想被人愛的欲求」，因為欲求沒被滿足，產生了壓力，所以才會出現那樣挑釁的言行舉止（詳細的分析方法將在第二章之後告訴大家）。

我們只要了解到行為背後的本質，就不會立刻做出情緒化的反應，而能稍微喘口氣，選擇「最有利於彼此的行動」。

若是碰上這種情況，只要針對拜託對方、對方幫忙做的事，以及對方花時間付出的勞力說聲「謝謝」即可。其實也有好幾個事例是，只要這樣做，連夫妻關係都能獲得改善。

這就是觀察人的第一個效果——可以更深一層了解人的「個性」。

雖然常說「個性不會改變」，但人其實有好跟壞的兩個面。**狀態好的時候會以優點的形式表現出來，但若遭受到壓力，就容易突顯出而成為缺點。**也就是說，不好的一面強烈顯現出來時，就是那人沒被滿足的證據。相對的，心靈獲得滿足時，好的一面就會特別突出。

例如就像這樣：

沉穩又溫柔↓呆滯、決斷力軟弱
天真可愛↓孩子氣
具領導力↓唯我獨尊
珍惜與朋友在一起的時間↓不夠關心家庭
擅於交際玩樂↓不回家
原諒一切↓不太關心

人總是在這兩方面來來去去。

而心靈是否滿足，其實會受到非常細微的行動、親近之人言行舉止很大的影響。也就是說，就算是討厭的人，也不可能永遠都一直表現出不好的一面。只要改變與周遭的接觸方式，有時也會突出好的一面。

這當然是雙方之間的事。連自己也有好的一面跟不好的一面，在每時每刻，表現出來的部分都不一樣。此外，最重要的是，根據自己的狀況不同，理解的方式也會不一樣。

只要依觀察人的方法來觀察人，就能客觀掌握住一個人的個性，如此一來，就能簡單知道自己做出什麼樣的行動時對方會出現好的一面？自己現今是處於何種狀態？

各位是不是稍微有點想試著來觀察一下人了呢？

在第一章中，我們會談到觀察人的效用，以及關於觀察人的概要。

## 其二
# 不會無謂地煩躁

觀察人到了極致還會發生些什麼事呢？

就是煩躁減少了。

此前本是「搞不懂是在幹嘛？簡直不可思議！」氣呼呼的模樣，也能轉變成「唉呀呀！這可真是可愛呀……」如佛祖般平靜的表情，「視而不見」。

要說為什麼能有這樣的轉變，還是因為非常了解了人的行動原理。

我們所有人都有著「對自己來說很重要的準則」，會以該準則、行動原理為基礎，做出各種行動。

人在行動時都有各自的習慣，例如「總是在快火燒眉頭了才慌慌張張開始行動的人」「明明什麼都沒做卻搶功的人」「立刻推翻自己說過的話的人」等。

若這樣的慣性與自己一樣，我們自然能「理解」，但若不一樣，就會不知道為什麼對方要做出那樣的行動。

若這樣的「不知道」層層堆積起來，就會為壓力，例如：「無法理解孩子！」「先生總是做同樣的事！」「不講理的上司給我帶來很大的壓力！」。

我也經常會聽到聽講者們說：「今天也是一大早就大聲罵人了。」這時候，正是我們所說的行動原理在作用著。

例如在某堂課中，有人提問：「自由是什麼？」一提出這問題，就有各式各樣的答案。

- 在秩序中，能做喜歡的事
- 能待在喜歡的人身邊
- 在金錢的使用上沒有限制，能去挑戰各種事
- 不被束縛
- 不受期待
- 不在意他人的眼光
- 有選擇的餘地

・沒有敵人
・能保有自己的步調

沒錯。每個人對「自由」的定義都不一樣。當然，「幸福」的定義與「討厭」的定義也各有不同。有趣的是，即便是在家人之間，也會出現完全不一樣的答案。

這樣的不一樣，就是來自於「原本的行動原理不一樣」。

若用電腦來形容行動原理，就是「OS（基本程式）」。電腦分有「Mac」及「Windows」，手機也分為「ios」跟「安卓」等，一開始，各自都是以不一樣的OS來啟動。

例如應該有人在碰到無法再使用傳統日系手機*玩「迪士尼TsumTsum」遊戲，或是無法登入「轉乘資訊」APP時會生氣吧。但若一開始就知道，「用傳統日系手機無法登入一般智慧型手機的APP」，就能想通「做不到的事就是做不到」這個道理。

人也是一樣的。因為各自的OS（行動原理）不一樣，就是登入同一個APP，本也就會有不相容的情況。

若觀察了人，就能完全理解各自是以不同行動原理來行動的。這麼一來就多能想通「行動原理本來就不同，這也是沒辦法的啊」。

這不是要大家配合彼此不一樣之處。只是，是否理解這些不一樣是很重要的。不允許有不同想法的情況也一樣，只要以不一樣為前提，就能打造出餘裕來，心靈的狀態也會出現變化。因此，為無謂的事情生氣，消耗彼此能量的事就會漸漸消失，甚至一開始連些微的不滿都不會生出。

這是不是感覺很厲害呢？我們再繼續看下去吧！

*註：傳統日系手機雖有各種先進功能，但僅侷限在國內發展，未拓展到全世界。

## 其三
## 能完全了解自己

觀察人到了極致會出現的第三個效果——徹底了解自己！

雖然有句話說：「自己的事情自己最了解！」但多數時候並非如此。反而很多時候自己以為的性格與周圍人眼光都是不一樣的。

例如我們很常會看到有些診斷工具可透過回答問題來了解自己個性。

我也曾讓聽講者們試用過，但由他人觀察所做出的診斷結果與自己進行的診斷結果，非常少是相吻合的。

「你絕對不是那樣的人啊！」就周圍的人看來，經常會出現「完全相反」的結果。之所以會這樣，是與人的「成見」與「願望」有關。

我們在成長的環境、經驗中，多少有著「想成為這樣」或「必須要那樣」的理想、美學、公正等信念。

之所以難以客觀看待自我，就是因為這樣的想法與願望。

例如有位女性說：「我很率直爽朗！」但其實她很纖細；又或者是有位男性說：「我對人沒興趣。」但卻是頗為在意人際關係的類型；說著「我不太會去按讚什麼人」，但卻是社群高手……這些情況經常可見。

很多時候「想成為這樣」與「真正的模樣」是不一樣的。

若不知道這點，就容易出現類似「總是為了相同情況而煩惱！」或是「不知道自己的強項！」。

為了能在生活中發揮自己的優點，或是不為小事煩惱，了解自我很重要。

那麼該怎麼做才能了解自我呢？

要客觀的審視自己，觀察情緒扭曲的瞬間是最快的捷徑。

例如有人會覺得：「那傢伙很奇怪吧！」

這時候請試著更具體深掘「很奇怪」的感覺。對方為什麼很奇怪，覺得不一樣的地方在哪裡？

・「因為他違反了規矩」

・「因為他說話不禮貌」
・「因為他一副瞧不起人的態度」

其實，即便是同一件事，每個人「感受如何」都不一樣。

覺得「他違反了規矩」的人是認為「人要遵守規範」，是正義感很強的人，很重視秩序與協調性。

另一方面，覺得「沒禮貌」的人，有很高的可能性是「希望對方更重視自己」，憤怒於自己被草率以對。

此外，覺得被瞧不起的人則或許是容易在意「權力平衡」，對自己的能力有自卑感。

也就是說，像這樣處於湧現的憤怒、不安與悲傷背後的東西，才是最直率表現出自己的要素，但我們卻都不太會去窺探自己的內心。有時，直視自己的恐懼與不安是很痛苦的。

因此，觀察人的技術此時就能派上用場！

只要會觀察人，就能以更客觀的眼光來看所有事。**仔細觀察人的模樣，就能同時了解自我的構造。**

例如只要了解自己的行動原理，像是是否認為「不可以不一樣」？是否「想被人喜愛」？是否認為「一定要有才能」？是否覺得「自己一定得是特別的」等，就能知道，該滿足些什麼才會有「幸福感」。隨著擅於觀察自我後，最後就能做出「自我使用說明書」。

這東西很有趣，而且一旦了解了自己後，就漸漸不太會去在意別人的眼光了。「維持自己本來的模樣就好」，就好的一面來說，也能做出這樣的改變。還能增加面帶笑容、輕鬆自在的時間。

我認為觀察人最棒的好處，就是確實了解自己。

## 其四
## 能輕鬆建立起人際關係

還有兩個！請容我再說說觀察人的效果。

第四個是有助建立人際關係。

例如，碰到第一次見面就很親切的人時，有人會覺得「很親近」，至於對說話帶刺的人則會覺得「冷冰冰」，另一方面，在自己心中也會出現各種糾結，像是別人是如何看待自己？要是被人誤會怎麼辦？

這樣的狀況也能因觀察人世百態而消除。

因觀察人世百態在溝通上所帶來的好處有好幾點，大致上有：

①容易判斷一個人的喜好

②不會去踩到讓對方生氣的「地雷」

③能保持「適度的距離感」
④育兒或指導部下時能採取「適切的行動」
⑤容易判斷出是否要與某人深交？對方是否是好人？
⑥在氣氛很僵的地方也能輕鬆融入

只要使用從第二章起所介紹的具體分辨法，就能輕鬆判斷出對方的人品、大致個性、價值觀、喜好等，人際關係就能順利變好。

各別的判斷方法請參考第二章之後的章節，這裡只先略微介紹讓人不會怕生的交往法訣竅。

所有人在第一次與他人見面時都會緊張，但是其中也有人是「完全不緊張」，或是給人完全沒在緊張的感覺。

只要試著觀察他們到底有什麼不一樣，就能知道，完全不會緊張的人在溝通時可以分為兩大類型。那就是：

1「保護自己，不讓任何人進入到自己心中」。

## 2「打開了興趣之門，想知道對方的事」。

即便是乍看之下非常友善的人，仍會保持一個絕對的距離，不會讓人太過於靠近……這是模式1。而對方純粹帶著興趣「那是個什麼樣的人呢？」來與人相處時則是模式2。

模式1的形象就像是「角色」的感覺。這其實是綜藝節目主持人常用的方法，會問對方問題、捉弄對方，或是運用知識擴大話題，營造氣氛。他們並非在本質上對對方感興趣，頂多只是在演著「營造氣氛的角色」。這種方法需要技術與經驗，實行起來並不簡單。

在這點上，本書想推薦給大家的是模式2的「打開興趣之門」。其實這是觀察人的基本態度，非常重要。

若總是把箭頭指向自己，就無法客觀地觀察對方。

**或是出現「他一定是這樣的人」這種先入為主的觀念或想像，或是在意自己外表、印象而過度小心翼翼，又或是過度表現自己**。因此就會發生回家後隨即感到異常疲累的狀況。

可是只要打開興趣之門，就不會過度小心，操心勞神。

不論對方說什麼、做什麼，都不要想像著「這個人很討厭，所以才會做那種事……」，請以「為什麼會這樣呢？」的角度為基礎來與對方接觸。

這麼一來，即便是第一次碰面的人，也能輕鬆拉近距離感。

只要用這個態度與人溝通，就能隨心所欲地與真正需要的人建立良好關係，同時也就不會在意自己看起來究竟是什麼模樣了。不論身處任何環境，都能順利又圓滿地與人溝通。

這就是第四項好處。最後還有一項！請大家跟著我繼續往下看。

# 其五　說話不會產生矛盾

觀察人到了極致就會變這樣！

最後一個是消除關於在溝通上會出現的「誤解」。

會接受事實就是事實。在快發生爭執前好好商量是非常難的一件事。

話說回來，溝通這件事，不論從好的一面還是壞的一面來說，都是連續的誤解。

想著「我好喜歡這個人的一切！」而開始的戀愛也是，一旦長時間交往後，也會大為灰心地感到「他應該要……」「最近他都不幫我……」「事情不應該是這樣的」。「價值觀不一」是占離婚原因最多數的，也就是「不應該是這樣的……」不斷累積。

好的時候看什麼都是好的，不好的時候就什麼都看不順眼。

可是，若能觀察人到極致，像這樣的情況也會減少。

到目前為止，我們談到了「個性好的一面、不好的一面」「行動原理本就不同」「溝通的態度」，但還有一件事希望大家務必要知道。

那就是，**每個人「關注的地方」都不一樣**。

例如夫妻間談到「房子」的話題時，會出現各式各樣的討論，像是將來要買房嗎？還是用租的就好？如果要買房，是要買獨門獨院？還是大樓？要買全新的？還是中古的？房間格局要怎麼設計？要買在哪裡？

在這些對話中，我們的判斷基準會以「過去」「現在」「未來」這樣的時間軸來做考量。例如會像是以下這樣：

「小時候住得很開心，所以獨門獨院比較好」↓考量到過去
「現在想住在住起來舒適的家」↓考量到現在
「考量到之後要賣出去，還是買車站附近的大樓吧」↓考量到將來

像這樣談論到房子的話題時，每個人關注的「角度」是不一樣的。

角度不一樣，**覺得「好」的點當然也會完全不同**。

若不知道這個相異處，就會陸續出現「無法溝通」「話不投機」等情況。

其實我在接受諮商者的各種諮商時，曾從一對夫妻那裡各自聽到了相同的事情。

不過當時丈夫困惑於「為什麼我只是說了理所當然的事，卻莫名地激怒了她……」，而情緒激動的太太則說：「他說了非常失禮的話！身而為人怎麼能這樣！」

很多時候，這都是因為彼此的視角不同所造成的。所謂視角的不同可以分類如下：

・關注過去記憶的人，渴求別人關心自己……重視關心
・重視現在感覺的人，思考著如何保護現今自己的方法……重視自立
・想到未來的人，想像可能會發生些的事並擬定對策……重視安全

如上所述，每個人人生中所重視的事本來就不一樣。

不論是在職場還是在家庭中，討論某件事時，若無人握有話語的主導權，就難以做出結論。

關於這點，在隨後的閱讀中，大家將有更深入的了解，所以在此先略微介紹。

貫通到目前為止所有內容的，也就是在觀察人、與人相接觸中很重要的一點——好好看著眼前的人。不要以自己的想像、自己的規則與人相接觸，可以試著去關注對方的想法，理解其言行舉止。

這麼一來就會發現，自己認為理所當然的事，對方並不認同。只要理解到這點，就能了解對方生氣、悲傷的原因，減少誤解及紛爭。也能學會包容他人，自己也不容易著急不安了。

那麼從第二章起就來看看具體的做法吧！

# Chapter 2

# 究極觀察法——從小細節看人

## 從檢查服裝開始

那麼，讓我們緊接著來看看具體的觀察人方法。

觀察人的第一步就是「檢查服裝」！

個性與服裝有非常密切的關係，在理解人方面，是非常重要的要素。

對服裝的喜好，是有關如何表現自己？希望人家怎麼看自己，或是反過來不在乎他人怎麼看自己的資訊。

就視覺上來說，服裝也是最先被看到的，所以透過檢查服裝，大致可以看出一個人的傾向，是觀察人的第一個方法。

那麼，以下來解說各個重點。

### ◆質料是絲、麻、羊毛等天然纖維。

↓對肢體接觸很敏感。或是完美主義，或是重視感覺型。

◆顏色是自然色還是鮮豔的？

↓自然色是偏向保守，鮮豔則是有侵略性的傾向

◆身體與衣服的尺寸感

↓喜歡寬鬆的嗎？緊身尺寸傾向於克己。

◆圖案種類

↓有邊框或格子的偏向於保守（但顏色若是紅色或黃色等強烈色彩時則具有攻擊性傾向）。動物圖案、卡通吉祥物、傳統圖案、有刺繡的則傾向於藝術派。

◆圖案是在上半身還是下半身？

↓上半身的圖案愈搶眼，愈是走自己的路型，後者則要從其他地方做判斷。

◆飾物的大小與對稱感

↓飾物較大或不對稱（左右不一樣）傾向於冒險派。

◆包包的品牌

↓高級品牌有重視權威或地位的傾向；有歷史的品牌則有喜歡傳統的傾向。

◆手錶的牌子

↓是否為身分地位主義。

從第一次見面的瞬間起，就能讀取到這麼多的資訊與傾向。

當然，這些資訊不用目不轉睛盯著看，只要一見面就會進入到腦海裡的。

商務人士中雖也有人會交給專業的服裝顧問包辦造型，但這時候，「交給怎樣的服裝顧問」本身也是資訊。

我認為，可以從服裝讀取到該人約半數的傾向。**有助於看出其大致的傾向（集中傾向）**。

以前似乎有聽講者因為「不想被看穿」而刻意選穿樸素的衣裝，但眼鏡鍊（防止丟掉眼鏡的繩鍊）上卻有裝飾恐龍吊飾，由此可以看出是重視個性的類型。

請各位也一定要看看自己的衣服。有什麼樣的傾向？喜好為何？在無意識中所選用的品項正能透露出一個人的性格特徵。

## 從姿勢了解個性的四種傾向

在舉辦個性講座時，當中有一個環節是指導聽講者的身體姿勢，因為姿勢與一個人的個性有非常緊密的連結。

人一緊張起來，在無意識中就會用力，只要看出在何處用力，就能看出該人的精神狀態與性格傾向。

大致可以分為四種。

**姿勢端正的人——警戒心強烈的完美主義者**

具警戒心的人，姿勢端正（挺直背脊），肩膀稍微有點聳起的感覺，中間則稍微有點縮下去。這是有完美主義傾向者的特徵。

**弓背的人——防衛心很強**

弓背或凸肚的人，多是防衛心強，或是沒有自信的人。容易關注各種事物，長時間使用大腦，從臉（黑眼圈等）就能看出其疲勞感。也有心胸狹窄、呼吸淺的傾向。

**習慣雙手抱膝而坐的人——容易進入自己的世界中**

因駝背而肩膀斜一邊的人，多傾向於有強烈的拒絕心。這類型的人習慣雙手抱膝而坐，骨盤也會後傾。是容易進入自己世界中的人。

**昂首挺胸的人——想展示力量**

昂首挺胸是自信家類型的特徵。這類型的人腰椎有些過於前彎，骨盤也有點前傾。這是自信家型的特徵，很多都是重視展示力量的人。

## 從表情、瞳孔、視線以及眨眼次數能得知的事

接下來要看的是臉。來看看對方的表情及眼睛吧。

觀察表情是件困難的事，例如並不是一臉嚴肅、一臉恐怖的人就是冷淡的人，也有人看來柔和其實卻很頑固等等。

因此我用來判斷的方式有如下四種。

①笑的方式（表情肌的柔軟度）
②瞳孔放大的模樣
③視線
④眨眼的頻率

透過觀察這些，將能成為判斷是否能與對方進行溝通的參考，也能作為拿捏與對方距離感、選擇話題・用詞的參考。

首先是表情肌的柔軟度，據說表情肌是腸子的延長。表情肌會在進化過程中成為隨意肌（可以靠自己意志活動的肌肉），本來被認為是跟腸子一樣，一感受到壓力就會自動起反應。也就是說，表情非常容易因為壓力而表現出反應。

因此我們可以根據對方是否笑容燦爛？是否只有嘴巴或眼睛在笑？還是都沒在笑等大體推測出對方的緊張狀態。

還有一點，眼睛是最重要的。誠如「眼睛如嘴巴般會說話」這句格言所說，即便表情是笑臉，有時也會有「眼睛都沒笑」的情況。

總之，要看眼睛有沒有笑，看的是瞳孔（黑眼珠）的大小。敞開心胸的人，給人的印像是黑色眼眸比較多。

黑色眼眸比較多時，就可以稍微拉近點溝通的距離。

接下來則試著觀察「視線」。

視線是否游移、眨眼的頻率等都是能清楚了解對方的資訊。

首先，眨眼次數多、視線沒有對焦的人、難以與之對上視線的人是處在緊張狀態，還沒有完全做好溝通準備。

在此，若突然與人拉親近，反而會增加距離感，所以重要的是要先讓彼此「熟悉」。不要直盯著對方看，或喋喋不休地提出問題，請拉開距離，一點一滴展現出自我。這麼一來，對方也會營造出能接受的氛圍，讓人看到自己坦率的一面。

另一方面，**眨眼次數少、視線也不游移、一直盯著人看的人，是在自己心中有明確「善惡標準」型的人。**

這種狀態也就是所謂的「評價」。對方會判斷，眼前的人是否值得他敞開心胸。

這時候，若對方感覺是有些嚴肅（警戒心強的類型）時，很有可能是認為「應該這樣做」的極強完美主義者，又或者本是樂觀主義者，但因遭受到強烈的壓力而處於沮喪狀態。不論怎麼說，此時都別多嘴多舌或嬉鬧，建議最好要帶著禮貌與尊重的口吻來說話。因為若表現出欠缺敬意的態度，很有可能就算問他話也不回答。

或許這類人是有點恐怖，但只要構築起信賴關係，有很多人都會直爽地展現出幽默來，所以只有一開始時請務必注意。

同時，除了一直盯著人看還帶著扣人心弦笑容的人，可以想成是「領導者」氣質很強的人。這類人很會拉攏人。

此外，在講座等聚集人群的地方，不太會搖頭晃腦、多次眨眼看著各種人動向的類型，其基本個性非常有可能是很會照顧人、「會回應他人期待」，是擅長於輔助人的類型。

就像這樣，即便只有表情或視線中的一種，都能清楚表現出人的緊張程度與性質。請務必在與人進行溝通時，試著將之當作參考的指標。

## 選擇座位也能顯現出性格

各位在選擇新幹線或飛機座位時，是會選窗邊的類型嗎？還是選擇靠走道的類型呢？

座位選擇也會清楚表現出性格特質。

選擇靠窗的類型，可以想成是靠牆壁比較好睡、想拍車窗風景等有想保全自我世界的傾向。

另一方面，選靠走道側的類型不善於應付壓迫感。這類型若是靠窗坐，光是想像著「如果要站起來去上廁所，或許會很麻煩……」就無法放輕鬆。

最能顯現出個性的就是在研習會中的座位。

坐在前排的人，可以大致分成兩種類型：「會評價講師的類型」以及「非常能接受親密感的類型」。

前者不會打斷對話，但也不會因為對方說的話在自己的經驗或知識範圍之內就容易接受。另一方面，後者非常會幫腔、傾聽，但有時也會視情況打斷對話，開始自顧自地說起話來。因為是情緒受到牽引而開始說話，所以沒有特別的著重點，可以看出這類人有插入各種逸事、拉長對話的傾向。

另一方面，想坐後面的人會動腦思考各種事情，是想與人拉開距離的類型。可以大致分為「不希望自己太顯眼的人」，以及「想掌握整體的人」兩類。前者會選擇不太會有人走過的座位，後者則會選靠近窗戶的。

在團體的飲酒會上也很能看到這樣的傾向。

坐在裡面的人之中，當然也有人是因為先來所以擠到裡面去的，但也有人在無意識中「想坐在邊緣」。

要說為什麼會有這樣的心理，那就是不想交出自己的「後背」。後背是自己看不到的弱點，為了隱藏這個弱點，就會喜歡靠邊緣的座位，特別是靠牆一側。

有這種傾向的人是領導型，想掌握住整體狀況的心理特質很強。因此在宴會席間，也想著要自己管理菜餚的狀況及酒水狀況。例如也可以看到這類人有在居酒屋點餐面板上不斷點餐，或是呼叫店員的傾向（我們有時也可以看到，這類型人即便是在會議室中，也會坐在靠出口附近）。

反過來說，坐在最靠通路側末席、會主動幫忙大家的人是以下其中一種類型：透過幫助他人彰顯出自我形象的類型；以及透過自願擔任負責人的角色，不加入談話中，想確保個人空間的類型。

重點在於氛圍。前者給人的印象很明亮開朗，後者則是漠不關心的感覺。

從性格所顯現出來的行動心理很有趣吧。

# 記筆記的方式也能看出性格

學生時代，幾乎所有人都有寫過筆記的經驗，但各位在工作上會寫筆記嗎？在筆記上也會透露出很大的特徵，試著去觀察看看，會非常有趣。

例如藝人平井堅曾在節目上說過，自己會在筆記上一律用文字列表寫出待在美國時去過的店家，然後將之折好放在錢包裡。這則小故事頗有意思，確切表現出了完美主義者的特徵。

就像這個例子一樣，寫筆記的方式，本就因人而各有不同的「目的」。讓我們來看看都有哪些類型。

◆為了不忘記（不知道的事・新知識）而寫筆記……完美主義

↓以整齊的小字書寫，傾向於立刻記下筆記

◆為了某人（包含正在說話的對象）寫筆記……親密派

↓會用顏色區分，或使用圓形字體。到處記筆記。也有一層意義是，為了不漏聽喜歡的人說的話，所以會好好聽人說話。

◆為了產出價值而記筆記……向上心很高

↓會記很多筆記，但會用圓圈圈起必要或想強調的事，或是畫線，做好選取資訊的準備。

◆心血來潮時才記筆記……個性派

↓會在各處隨手寫筆記，所以之後也很難搜尋資料。

◆只記下自己做不到的事……研究者氣質

↓很多字都讀不懂。文字像蚯蚓。其目的本就不在重讀。

◆把聽到的事從頭全記下來，不會做摘要……慎重派

↓文字意外地大且好讀。中途會寫到沒地方可寫，也會寫去紙張背面等其他地方。

◆為了輸入而寫筆記……高速吸收派

↓疾書。如速記般的書寫方式。想追上對方的處理步調。

◆受到感動時才記筆記……靈感派

↓文字偏大。筆記顏色多傾向單色系。

◆把聽到的記下來……慢慢消化派

↓筆記意外地簡單。從輸入到處理需要時間，所以是把聽到的東西都寫下來的類型。

你記筆記的方式都是什麼樣的呢？

或許不同情況會有不同的方式，但其實那也顯現出了自己在當下的心靈狀態。用這檢查自己的狀態很方便，推薦大家試試看。

## 桌上物品的擺放顯示出的性格

桌子也能顯露出性格來。除了公司辦公桌與自家的桌子、居酒屋的桌子，甚至是衣櫥及抽屜中等，都可以同樣這麼想。也就是說，「如何處理自己的勢力範圍」，會大大顯現出性格上的特徵。

首先，留下影印文件或紙類等不丟掉、用橡皮筋綁好名片放在辦公桌一角，是「慎重派」人的特徵。

此外，把文件立刻輸入電腦中，丟棄紙張，同時利用很厚的名片夾進行名片分類的，是「合理主義」者的特徵。

這個合理主義可以大致分為兩類，一類是「聰明合理主義」類型，這類型人桌上很乾淨，幾乎不放任何東西，很喜歡小配件。

另一方面，總是會折到影印紙邊角的人是「爽快的合理主義」類型。他們的桌上就偏向於亂糟糟的。

另一方面，整理乾淨的類型也可分為兩大模式。

首先是「完美主義」。這類型能馬上找到要找的東西，是能一邊掌握住把哪些東西放哪邊整理的人。

另一個是只整理看得見的地方，其他則是仍進去放的類型。因為整理得很雜亂，所以難以找到東西。這類型人是「自由奔放的冒險派」，對講不講究的地方差別很大，會把居酒屋等的濕毛巾及免洗筷朝向，統一平行或垂直於桌子，雖會堅持馬上要擦掉水滴，但卻不戴手帕（把手擦在長褲上）等，表現很極端。

完美主義類型的人寫筆記本時，從頭到尾都會寫得很工整，但自由類型的人則只有第一行寫得很工整，之後就很雜亂。

此外，只要注意一下與之相關的、放在桌上的品項，也能看出各式各樣的性格傾向。例如筆記本、筆、筆袋、手帕的種類等。

說起前述的完美主義型人服裝，多是簡單素色的，小附件則是只有一個有著人物角色圖樣的。說得更甚些，有很多人都是用單色筆書寫，桌上不會有很多顏色的筆。影印文件是方正、整齊地放在桌上，有很多人也有自帶水壺的傾向。

另一方面，可以看到帶有麻葉等傳統圖樣、手作飾品等性質閃閃發亮型物品的人，有極高可能是「藝術／個性派」類型。

我們經常可以看到「聰明合理主義」型的人會帶著高級品牌的筆袋、桌上放著買來的杯裝咖啡。

桌上有各種顏色筆的人步伐很輕盈，傾向於是「氣氛製造者」的類型（前述的筆記也是豐富多彩），經常會表現出喜歡熱鬧又歡愉的特徵。

# 動作多的人容易興奮，反應大的人受人喜歡

接下來是進展與回應對話時的不同。

首先，反應大的人是「氣氛製造者」類型，又或者是「領導」型。他們很會說話，擅長炒熱氣氛。比起一直靜靜聽人說話，他們更傾向於擅長以自己為出發點炒熱氣氛。

另一方面，也有些類型不會表現出太大的反應，多數時候都沉默不語，但會透過「傾聽」來給出附和或透過提問來拓展對話。

這類型人是會緩和現場氣氛的「調和派」。有接受對方的力量，擅長讓人的話變得誇張起來。他們理解「對方想說的話」，會隨聲附和，所以很多這類型人都頗受人喜愛。

另一方面，也有的人乍看之下似乎會頻頻點頭聽人說話，但那單純只是「姿勢」，實際上完全沒在聽。這是重視效率的「聰明合理主義」者的特徵，可以看出，會有效採行只對自己有益的傾向。這類型人會對認為對自己有利的地方不停提問。

此外，會一邊舞動手臂說話的人，有單純感到興奮的類型，但也是想著「希望自己能大受矚目」的人在無意識中會做出的行動。有這傾向的人是領導型人、自由自在型人、藝術類型的人等，只要配合其他要素一起看，就容易做出判斷。

另一方面，若是幾乎不與人視線交會、沒反應、沒什麼表情的人，容易有逃避溝通的傾向，經常會在談話中途離開對話。

# 你是自我主張派還是配合對方派？

在第一章中，提到了人「關注在意識上的焦點不一樣」。觀察人時，只要找出對方重視的焦點，就能與之輕鬆接觸。

對方的需求是什麼？想表現些什麼？想如何開展對話？這些都會因人而異。只要看出這些傾向，以及對方重視的事，就能知道對方的類型傾向。判斷的重點有以下三大項：

① 希望看著自己的人……自我主張強烈型
② 想回應他人欲求的人……自我主張薄弱，會去配合人的類型
③ 想守護自己內心的人……我行我素，某些地方看起來偏冷淡的類型

只要知道對方把焦點放在這三者中的哪一點，就能簡單得知該人的傾向，或是現在的

心靈處在什麼樣的狀態。

## ①希望看著自己的人

這類型人以「自我」為主體，有很清楚的需求。

有時落語家在表演落語*看到觀眾們沒反應時，會在講到一半的途中說：「一般來說，這邊都會湧現熱烈的掌聲啊！」來尋求觀眾的掌聲。

這可以解讀成是展現出「自己展露了才藝喔！認可我吧！」的心情。

此外，在「隨身帶著新作的名牌包」這類時尚主張中，也能讀出其「希望大家看到自己的產品！」這種心聲。

## ②想回應他人欲求的人

這類型人的特徵是以對方為主體，會不斷探尋人的需求。

例如在前述外出用餐點餐時，這類型人就會問對方：「你點了什麼？」根據對方餐點

*註：落語，日本一種傳統表演藝術。

來點餐。此外，購物之前也會查詢評價，徵求周遭人的意見。

比起自主性地做決定，這類型人有評價基準會比較好做決定。

### ③想守護自己內心的人

在自己心中有明確的世界觀、規則，是不論好壞都不會迎合對方的類型。也就是說，會明確表現出是否關心當下、是否對那個話題感興趣。這類型人也可能在說話中不與人視線相交，或沒興趣附和。

這類人說起來雖是極為客觀，但總是帶著「旁觀者」的冷靜視線，所以就第①、②型的人看來，會覺得「搞不清楚他們在想些什麼！」但其基本中，有著「想守護自己世界觀」的欲求。

若以這個特徵為基礎來與人接觸，就會減少對話中的誤解。例如第③型的人並非「對人不感興趣」，只是「該人心中有獨自的世界觀」而已。

社群平台上的發文與郵件中遣詞用字也是，都能看出該人的關注點。此外，只要以這些相異點為基礎觀察世間，像是故事主角的心情如何，又或是樂曲的歌詞等，感受都會更深刻。

例如太宰治《人間失格》中有一句名言：

「我的一生在眾多恥辱中度過」。

從這一句話中，我們得知，他所關注的是自己的內心與記憶（第①型）。

此外，很多首歌的歌詞中也都有以「我」為視角、以「你」為視角，唱出風景或概念。

以歌手ＡＩ的《STORY》為例，有一節如下的歌詞：

你並非孤單一人
有我守護著你

主語是自己，但視角卻是有好好看著對方是處在什麼狀態下，所以知道是看向了他人

（第②型）。

另一方面，研究型文章及歷史書中，完全沒有情感的因素，只有事實連綴而成。這就相當於第③型。

像這樣環視世界，一定能有新發現。

## 反應速度也會反應出性格

對話中的「反應速度」也是觀察人的一大重點。

反應速度就是溝通的速度。回答的快慢、是否注意遣詞用字，這些不同點都會各自顯現出特徵來。

反應快的是「完美主義」型人的代表。這類人多數的大腦運轉速度都很快，尤其是自己「知道！」「懂得！」的事一旦成為話題，就會覺得興奮，經常在對方說完前就冒出「我知道！」

重視合理性的「聰明合理主義」者以及「領導」型人也同樣有這種傾向，他們喜歡進行節奏良好的對話。

「自由自在型人」也重視會話的有趣度，所以交談的節奏必定會加快。

此外，「氣氛製造」型人會很重視「我在你身邊喔」這樣的感覺，他們會在恰當時機隨聲附和，也會察言觀色慎選用語，炒熱氣氛。比起談話內容，他們更重視與眼前人「度過愉快的時間」，經常會肯定地說：「對對對！我懂！就是說啊！」

「安全第一」型的人重視降低風險，會預測對方是怎麼想的。所以他們的特徵是無法忍受沉默，會拚命想填補空隙。

在這之中，反應速度較慢的是「調和派」的人。這類型人對時間的流動感比他人來得緩慢。可以想像成是在兒童玩具中常見的那種，「在充滿液體的容器中，按下按鈕，進行套環或丟小球的玩具」，請想像那樣的時間感。

他們偏好的溝通方式是把詞語融入身體中，從中好好品味，再說出想到的詞語。若急於催促著「所以是哪種？」「該怎麼辦？」「快點」「決定」該人就會把好不容易成形的話語又吞回肚子裡去。就對方來看，自己「明明只是提問而已」，卻成為了他們的壓力。而且壓力只要超過一定限度，這類型人就會一直沉默不語。

把自己的時間感當成絕對的指標，就是在溝通中會產生分歧的原因。只要理解了這類人時間的流動感不一樣，談話就能順利進展。

# 用口頭禪診斷個性

觀察人時，口頭禪是非常重要的判斷依據。

之所以這麼說，是因為人不論多注意服裝、行動，但依舊會在無意識中脫口而出的就是口頭禪。我也是在解析人的講座等處會有意克制，可是只要情緒上頭、興奮了起來，就還是會確實冒出來。口頭禪就是這樣想藏也藏不住。

請試著問一下家人及朋友你的口頭禪吧。出現的詞彙也可能會與自己所想的口頭禪不同。越是無意識的用語，自己就越是難以認知到。

在此，介紹一些特別會彰顯出該人性格特徵的用語。試著回顧一下自己是否會說這些用語，又或是類似的詞語吧。

## ①「振作點」

這句口頭禪重視的是「人經常會碰到的事」。除了振作點，「一般來說」「應該、應該做」「正確答案（這麼做是正確的嗎？等）」「做人應該怎樣」「也許也是有這種情況呢」「這樣不是很白費功夫嗎？」等口頭禪也屬同類。

這類型人有時也有討厭被人說是「好認真啊」的傾向，但他們不會給人添麻煩、不想白費功夫，就會脫口而出這樣的口頭禪。

### ②「好像是這樣」

重視高興、興奮。誠如這詞語所形容的，是用感覺來掌握事情。狀聲詞很多，莫名重視聲調。

「感覺咻的一下！」「感覺不錯！」「軟綿綿的呢！」「心臟怦怦跳！」「好興奮！」「雖然好像不太懂，但總之可以喔」，除了像這樣的感覺用語，其他還有「要是發生了什麼要跟我說喔！」「想幫你做……」「沒能幫到你，真對不起」等，表現出深刻愛意的詞語也是這類型人共通的口頭禪。

### ③「很划算喔」

誠如可以從划算這個詞來理解般，這類人重視的是生產出極大效率的利益。他們不太會情緒化，傾向於打造出結構、在結構中重視生活。

「雙贏」「那樣很糟吧？」「從時薪來考量，很不可思議吧？」「我知道你的感受，但首先這樣做不是比較好嗎？」等也是這類人的口頭禪，可以聯想到美式的商業思考及成功形式。這類人會呈現出重視這樣的聰明及效率，也重視結交能創造出龐大利益的伙伴。

### ④「如果想就做得到喔」

重視自己的心情與精神。以情緒為基本，傾向於向對方渴求同樣的溫度與重要性。

「那很失禮吧？」「他絕對是那樣想的」「想自然地生活」「想捨棄一切」「好棒！」「反正我就是……」等是這類型的代表性口頭禪。除了擁有非常纖細的內心，另一方面也可以說是用情很深、純粹的個性派・藝術家型。

### ⑤「也就是說，是這樣嗎？」

重視探求事實，會將感情「概念化」，不擅長用感情來掌握事情。

經常會看到他們針對別人的話，以相同的模式來回答，例如「我知道了」「啊、不是」等。在他們的字典中沒有「報告・聯絡・討論」這樣的概念，所以也經常會被周遭的人提醒「跟我說！」若把這類型形容成是研究者氣質，可能會比較好懂。

⑥「什麼？真的沒問題嗎？」

重視降低風險。腦中縈繞著各種想法、模擬著實驗。

「該怎麼做比較好呢？」「這樣真的能順利進行嗎？」「並不討厭」「一般來說是這樣吧？」

有點像①的「振作點」，但這類型比起提出主張，和其他人並肩站在一起能更感到安心。為此會偏好使用不自找責任的用詞，是會敲擊著石橋過河的謹慎類型。

特徵是，被追著要做出什麼決定時，就會將內心小劇場的模樣脫口而出：「要是被問到是不是真的想做……」

⑦「沒問題、沒問題」

重視刺激及體驗。會避開嚴重、負面消極的場面，把重點放在有趣的事上。

「對對對」「原來如此、原來如此」「好好好好」「我大致理解了」「好無聊」「沒什麼有趣的事嗎？」等，多會聽到他們說出這類聽起來輕挑的話語，也是忙於使用「建議」這詞語來交換資訊的忙碌型。

### ⑧「絕對是這樣」

重視自己相信的世界。根據不同的超凡魅力性與領導特質，這類型人有很強的欲求，想打造出以自己為中心的世界。

口頭禪「絕不允許」「你把我當笨蛋嗎？」除了會讓人看見好鬥的一面，另一方面也會澈底守護認定的對象。此外，意外地喜好新事物，經常會推翻既有的企劃，像是：「那個不錯！試著做做看吧」「我想到新點子了！」

### ⑨「怎樣都可以喔」

重視周遭環境的協調。為了維持和諧，幾乎不會提出自己的意見。

這類人容易選用遠離自我意見的詞彙，例如「我不知道」「好麻煩」「沒問題」「想睡」。若被人強迫著要做出決定，經常就會沉默以對。

各位覺得如何呢？

這樣的口頭禪診斷，其實在自我診斷以及他人診斷你自己上有很大的不一樣。請試著問問周遭的家人與友人吧。

其中或許也有會讓你想否定道：「什麼～我才沒有那樣說咧～」的情況，但那些都無關「好」「壞」。不論哪種類型的人都有好的一面跟不好的一面。若好的一面表現比較突出，自己就能跟周遭的人和諧相處。

要引出好的一面，首先重要的，是要確切掌握住自己的現狀。自己的「本質」有很大的可能性就沉眠在他人口中自己的口頭禪中。

順帶一提，沒有意識到自己的事的人，有對「他人習性」比較敏感的傾向。對於他人的口頭禪，自己有什麼樣的感覺呢？（「自己也有在用」「曾經說過」「絕對不會說這種話」等）試著想一下這件事也很有趣喔。

## 看起來紛繁的性格可以整理成基本的九大類

我們在口頭禪的部分介紹了可以把人分為九種類型，但其實這個分類是以「九型人格學」這個性格分析的手法為基本。九型人格學起源於古希臘，是一種全球企業以及CIA等公家機關都會採用的性格診斷工具。

一般是透過回答一百個左右的問題就能診斷出「所屬類型」的性格，或許已經有人試過了。我也是以這個九型人格學為啟發來觀察人。在知曉人的行動原理這意義上，這工具非常優秀。

只是有一個問題，經過長年的性格研究，我個人並沒有符合九型人格學「自我診斷」結果。進行九型人格診斷是要回答約一百個問題，那是因為要找出傾向的偏差，所以必須回答這麼多問題。

雖然想調整那樣的偏差，但明明是「完美主義」類型的人去測驗，出來的診斷卻是「個性派」；明明是「個性派」的人，出來的結果卻是「調和派」。

因此，若能先告訴大家性格與觀察人的基本，就能慢慢去談分類的事。

在課堂中，當我提出問題：「大家覺得性格是什麼？」答案通常是五花八門（「天生的」「會依環境改變」「基本的想法觀念」「個性」等等）。

在這裡要告訴大家，性格是由兩大因素所形成的，就是以下這兩項：

・自己所擁有的（＝屬於自己核心的本質）
・從父母處獲得的（＝為保護本質的禮物）

以下將各自說明之。

首先，第一個「自己所擁有的」，其性質可以說是屬於無意識程度的。誠如「本性難移」這句話所說，從人呱呱落地的瞬間起就有了，是成為自我核心的本質。

另一方面，從父母那裡獲得的，則是後天的影響。雖說是本性難移，但其實我們比自己所想像的還要受到環境以及人際關係的影響。以父母親為首，我們會在老師、朋友、職場上司等各種人際關係中受到強烈的影響。

若這種後天沾染上的習性與自己的性質混同在一起，就很難做出自我分析（幾乎在所有情況下都會雜亂地混同在一起，因此就會覺得，或許自己有那個要素、這個要素等）。而讓分析自我變得更加困難的，就是有沒有受到壓力。

其實，**平常時候，只要觀察一下人們處在壓力狀態下和情況很好的狀態，就會發現，即便是同一類型的人，看起來也會像是不同類型的**（這也有法則可循，之後會再做具體的介紹）。

壓力變大時，人會在無意識中做出某些行動。若沒有掌握住像這樣的性格機制，且無法客觀視之，就無法做出正確的自我分析……或許我這麼說明，會讓人覺得不著邊際，但放心吧！因為**關於人的一切是很好懂的**。

若以旁觀者的身分來觀察人，就能清處理解各種類型會有哪些舉動特徵？又是因為什麼樣的行動原理而那麼做。

請想成是，透過觀察他人，以察覺出自己本質性的性質——自己所擁有的——，就是這個九型人格學最終的目標。只要能掌握住自己的本質，相對來說，自己受到什麼樣的影響、擁有什麼樣的要素就會一目了然。

本書已在先前說過客觀的判斷方式了，所以就先來看一下全部九種性格類型更詳細的說明。請想一下自己是屬於哪一類型的。

大致讀過本書後再回到這頁來，或許又會有完全不一樣的感受。

不論怎麼說，最終重要的是要自己能同意、接受。

TYPE 1

# 想把事情做好的人

**口頭禪** 「好好做」
「應該」
「身而為人應該怎麼做？」

這類型人是有很強「改善欲求」的人，是完美主義類型，價值中心為「事事都想做好」。比起完滿之處，更會注意欠缺不足的地方，有著想將所有事物都清楚區分善惡、黑白的性質。
因此有著要澈底解決不好習慣的強韌性，也有一旦開始做就要貫徹到最後的堅韌。傾向於渴求傳統以及所有事物道理的「正確性」，是禁慾主義且有很強的忍耐力，但也會將同樣的規則強加在他人身上。在其內心，恐懼「錯誤」，拜此之故，工作上講求正確。此外，有著能辨別好物品的眼光，是喜歡高品質的類型，也擅長於製作美麗的東西。

穿衣傾向：天然素材且觸感好、高品質的衣物。也擁有講究的名牌商品。飾品偏好有對稱性的。
桌子：會整理得很整齊，能清楚知道哪裡放了些什麼。
飲食：會清楚表達自己要吃的東西。講究安全性。
姿勢：傾向於縮肩、肩膀向上聳起。
狀況好的時候：開朗聰明。公平有秩序。
遭受壓力時：變得具批判性，若是強行要求遵守自己基準的 TYPE ②要素很強，雖會顯得更有社交性，但也傾向於更容易累積憤怒。TYPE ⑨的要素若很強，雖很沉穩，但傾向於與人拉開距離。

TYPE 2

# 想幫忙的人

**口頭禪** 「感覺就像這樣」
「很不錯！」

這類型人是很開朗又樂天的「氣氛製造者」。善於貼近脆弱的人，會向有困難的人伸出援手。靠感覺判斷一切，喜愛和平，所以會避開爭端。

以「該怎麼做才能讓眼前的人感到開心呢」為標準，想幫忙人做些什麼事、想告訴人們些什麼。尤其為了喜歡的人會很有行動力，即便要把自己的事情往後延也會積極行動。服務精神首屈一指，比任何人都更善於款待人。

穿衣傾向：顏色華麗，也喜歡淺色系。
桌子：滿是喜歡的物品或可愛的東西。
飲食：只要和喜歡的人一起吃，就什麼都好。
姿勢：頭往前凸出。
狀況好的時候：親切友善。滿懷愛意。
遭受壓力時：任性，會強加自己的意見或自以為的好意給人。
若 TYPE ①的要素較強，會更傾向於為他人盡心盡力。
若 TYPE ③的要素較強，會傾向於對身邊親近的人更好。

TYPE 3

# 達成目的才有價値的人

口頭禪 「很合算唷」
「雙贏」
「若是用時薪來考慮……」

這類型人最重視的是「達成目標」。提出很高的目標，然後傾注全力靠近那個理想。重視為達成目標所建立的機制以及網羅伙伴，但一方面也看不上沒有好處的人。不過因為只是一味前進而不相爭，所以有高社交能力的傾向。

重視以最小的勞力產出最大的成果，所以有很多人會大大推動經濟，只要判斷「最後是合算的」，就會採取冒險行動。為了站上頂峰或擁有魅力，能一點一滴累積努力，所以是會得到成果的類型。

穿衣傾向：名牌。國外名錶。或是符合自己目的的東西。
桌子：乾淨俐落。電腦桌面也整整齊齊。
飲食：蛋白質等適合現今趨勢的飲食。
姿勢：會留意保持良好姿勢。
狀況好的時候：社交型的實幹家。會成為「理想型」的人物。
遭受壓力時：評價人的優劣，不關心沒有價值感的東西。
若 TYPE ②的要素較強，會傾向於表現得更重視人的好感。
若 TYPE ④的要素較強，要求工作上評價的傾向會變得更強。

TYPE 4

# 想做自己的人

**口頭禪** 「只要想就做得到的吧」
「那很沒禮貌吧？」

這類型人以「想表現自己」的熱情燃燒著，經常會去思考表現的方法。不過因為精力充沛、有餘力，也導致了自己的狀況忽好忽壞。有用戲劇性觀點看待事物的傾向，所以常在理想與現實之間煩惱著，但另一方面，思考也能變得較為有彈性。重感情，看待事物心思細膩，觀察力與專注力高出他人一倍，所以擅長高品質的創作。

穿衣傾向：個性派。傾向於選擇「和人不同」的顏色及物件。喜歡有個性、有品質的東西。
桌子：有在混沌期與空無一物期間重複循環的傾向。想打造一個角落專放喜歡的東西。
飲食：會一直吃喜歡的食物。吃配合自己心情的食物。
姿勢：傾向於肩膀向內縮，骨盤後傾。
狀況好的時候：有獨特表現，思考有彈性且富於想像力。
遭受壓力時：過度要求他人的關心。執著於自己的心情。
若 TYPE③的要素較強時，會提高競爭意識，傾向於以進步為目標。
若 TYPE④的要素較強時，獨創性更強，傾向於進入想像的世界中。

TYPE 5

## 追求事實的人

**口頭禪** 「也就是說，是這樣對嗎？」
「啊！不是」

這類型人總是「基於事實」來看待事情。收集資訊的能力與專注力超群，但另一方面，對沒興趣的事物完全不感興趣。人生中，不會以「與人有關」這件事為前題，所以在他們的字典中沒有報告、聯絡、討論三個詞。不過探尋事物的能力以及能持續下去的能力很超群。對人的失敗也很寬大，忍耐力很強。

比較無情，或許會被人説「很奇怪」。可是在情緒化的人們處於最熱烈情緒中時，或許能讓人看見事實，有能平息爭端的能力。

**穿衣傾向**：講究獨特。另一方面，或是頭髮容易睡亂，或是衣服發皺、有蛀蟲。

**桌子**：混亂無秩序。基本上，文件等都不會放整齊。

**飲食**：幾乎不講究。但是會想嘗試事前就得知資訊的食物。

**姿勢**：駝背。常低著頭

**狀況好的時候**：冷靜而具社交性。

**遭受壓力時**：避開溝通，逃入二次元世界中。

若 TYPE ④的要素較強時，會增強對藝術部分或幻想的興趣。

若 TYPE ⑥的要素較強時，會增強對科學技術或史實的關注。

TYPE 6

# 模擬型人

口頭禪 「咦？真的沒問題嗎？」
「那樣會順利嗎？」
「不討厭」

這類型人是「降低風險」的高手。很勤奮，是會思考在現今所屬組織中該怎麼行動才會順利的人。有守護家庭與組織的責任感，也有後援的能力。不過因為這分高後援力，連沒被委託的事也會注意到，所以有時會覺得自己吃虧了。思考時間很多，付諸現實的行動較少，卻是組織運作不可或缺的類型。可以說，日本的安全都是託這類型人之福。

穿衣傾向：素色，沒有華麗設計的服飾。
桌子：桌面很乾淨。但抽屜裡放有各種東西。
飲食：容易想像出味道，不會影響到前後預定事項的食物。
姿勢：姿勢前傾。也有把重心放在單腳上的傾向。
狀況好的時候：很快下決定，有行動力。
遭受壓力時：腦內會議停不下來，現實世界卻靜止不動。
若TYPE ⑤的要素較強時，會強化對法律或科學的關注。也有攻擊性傾向。
若 TYPE ⑦的要素較強時，傾向於重視與家人及同伴間的交往。

TYPE 7

## 興奮進行大冒險的人

**口頭禪** 「沒問題、沒問題」
「對對對」
「原來如此，是這樣啊」

這類型人是在人生中尋求遊樂的「自由人」。把興趣放第一位，會迷上各種感到好奇的事物。企劃力與實現力很高，工作也很迅速，但精準度粗糙且雜亂。

大腦動得很快，能一次處理許多事。因為很有活動力，所以容易把預定排得很滿，像捷運時刻表那樣運轉著。不喜歡聽到重話或難過的事，經常以正面積極的態度看待事情。

穿衣傾向：多變。但都是觸感好的衣物。

桌子：目光所及的東西都很時尚。不會把不想弄丟的東西拿出來。

飲食：什麼都吃。會偏向選擇沒體驗過的有趣食物。對於飲食，會定期性的出現神經質，卻又突然去吃垃圾食物。

姿勢：腰有點往前凸出，但是會留意保持良好姿勢。

狀況好的時候：沉穩，擅長感謝他人。

遭受壓力時：躁動、失去冷靜，不太關心人。

若 TYPE ⑥的要素較強時，有協調性，但對任何事也很快放棄。

若TYPE ⑧的要素較強時，大膽且具有戰略性。傾向於喜歡毒辣的幽默。

TYPE 8

# 領導型人

**口頭禪**

「絕對是這樣」
「試試看吧」
「你在瞧不起人嗎？」

這類型人是喜歡位於眾人之上的「領導」型。在意勝負，會判斷旁人是敵人或伙伴。擁有直覺性、野性的行動力，會快速地四處活動。不過很多時候雖看起來豪爽，意外地卻會在私底下行動，有著會偷偷掌握住全貌的一面。

把金錢想成是權力，對所有事都有「放大」的興趣。會不斷採用覺得好的想法，常常進行新挑戰。為擴大陣營，有感染力且會做出強勢的發言。

穿衣傾向：便宜好物。比起品質，更喜歡「看起來高價」的服裝。

桌子：乾淨。要不是經常整理丟東西，就是堆得跟垃圾山似的。

飲食：或是「垃圾食物」或是「美食」。

姿勢：兩腳站得直挺挺，腹部用力。雙手經常交叉在胸前。

狀況好的時候：不會排擠人，會柔軟地接受他人意見，強力拉攏他人。

遭受壓力時：澈底排除認為是敵人的人。會對周遭做出負面行為。更為不講道理且傲慢。

若TYPE ⑦的要素較強時，獨立志向會變強，傾向冒險。更具有攻擊性。

若TYPE ⑨的要素較強時，沉穩，有戀家傾向。不過有雙重人格。

TYPE 9

# 和大家和平共處的人

**口頭禪** 「都可以喔」
「我不知道」
「沒關係」

這類型人會平衡或協調現場。其人格是緩和系，既是「包容」也是「被動」，有接受他人的寬大胸懷。沒有自我意見這個選項，總是在無意中配合周圍的人。

另一方面，其實也有我行我素、頑固的一面，所以若硬是要讓他接受某些意見，他會變得討厭起一切，不禁就會把各種事情往後拖延，變得難以下決定，或是無法按照決定的事推進行程。經常一回神才發現，時間已經流逝了。是期望過著悠閒、平穩生活的類型。

穿衣傾向：自然又簡單。不太喜歡華麗或化學纖維的東西。
桌子：有很多物品，但都有歸納收好。
飲食：會好好品嚐食物。
姿勢：常揚起下巴。也會張開嘴巴。
狀況好的時候：最後才說出自己的意見，不會丟出自己的決定。
遭受壓力時：不行動、不下床、不反應。
若TYPE ⑧的要素較強時，強大且社交性高，有時也會突然心情不好。
若TYPE ①的要素較強時，理想的樣貌很清晰，傾向於重視道德。

# 你是怎麼看待個性的？

那麼，以上的九種類型中，你是否覺得自己有符合其中一種？

一說到這種分類，也有人會說：「被分類讓人感到很不愉快。」的確是這樣呢。應該會生氣於自己的人生被膚淺看待了吧。

誠如這種意見所說，分類不是全部。

此外，就某方面來說，雖是類型②，但在另一方面也可能是類型④，或有⑨的一面……就像這樣，應該也有人覺得自己符合好幾個類型。其實許多人都是如此。

話說回來，九種類性也不可能完全黑白分明，想成是有濃淡層次而非只有一個特徵會比較好懂。以主要的類型為基本，也會出現其他類型的特徵，尤其可能會出現前後數字類型的要素（例如若是類型②的人，有時也會反應出類型①與類型③的特徵）。

不過，別太在意細節，最重要的是要知道自己本質性的行動原理是什麼。**一定有一個類型是會表現出自己的本質**。

釐清方法是「潛意識下顯現出的性格」。衣服、桌子、筆記、點餐、口頭禪，雖然前面提過了各式各樣的重點，但人們想著「好，就這樣做吧！」並有意為之的時候，其實經常都是受到後天影響所做出的判斷。為此，不去思考，在潛意識下採取的行動中，才容易看出自己的本質。

之所以說「很了解人」，原因就出在此。雖然難以理解自己的潛意識，但可以觀察別人的潛意識。

要掌握住自己潛意識的行動，在觀察人時，請重視「感受」。觀察人的行動與價值觀時，有時會非常有共鳴，或會被激起負面的情緒。

養成習慣，稍微深入思考那些反應的情形，像是是否「因為自己也想變成那樣的人才有情緒」？還是「就像在看自己一樣所以覺得討厭」？還是「自卑感受到刺激所以討厭」？這麼一來就容易了解自己的行動原理。

只要知道了自己的本質，就會產生出要在哪裡妥協、不可以在哪裡妥協的選項，人際交往也會變融洽。

各種不同類型的人會出現什麼樣的行動?這時候的行動原理在哪裡?在之後的篇章中，我們將會用具體的例子來進行觀察!

# 觀察人的順序

## STEP 1 外觀

- 快速掃過穿搭的感覺，服裝的材質、顏色、特色配件等。
- 如何使用私人空間？例如坐著的椅子或桌上擺設。

## STEP 2 溝通

- 自我主張派？配合型？不關心型？反應速度如何？

## STEP 3 說話內容

- 對方重視些什麼？是否開心？優缺點為何？
- 說些什麼主題？話題很飛散？有邏輯性？談些往昔的事？
- 特徵性的關鍵字或口頭禪是什麼？

# Chapter 3

# 知道行動原理，

# 就能理解

# 找出表面行動背後的行動原理吧！

那麼，在第二章已經介紹過了觀察人的基本以及九種類型的大致性格。

在這第三章中，要更深入來看第二章的內容，以及觀察人時不知道該怎麼判斷情況的思考法、該以什麼樣的言行舉止才能與某類型人順利交往。

話說回來，在所有的言行舉止中都有著「欲求」。一般認為，欲求就是「想要」「想做」像這類的某種渴求。

因此應該也會有人疑惑著：「為什麼會出現『想做』的欲求呢？」

**若去追究到底是什麼東西煽動起了人的欲求？最終會找到，其實就是「恐懼」。**在各種性格中有著「不想變成那樣」的恐懼種類。

為了逃離那樣的恐懼，就會湧現出「想做些什麼」「一定要做些什麼」的欲求。

各類型根本的恐懼如下：

類型①想把事情做好的人……感到不同、有缺陷
類型②想幫忙的人……不被人愛
類型③達成目的才有價值的人……覺得自己沒有價值
類型④想做自己的人……覺得自己不特別
類型⑤追求事實的人……覺得無益於人、很無力
類型⑥模擬型人……覺得不安全，討厭不一樣
類型⑦興奮進行大冒險的人……碰上負面消極的事，被奪走了快樂
類型⑧領導型人……受傷、被支配
類型⑨和大家和平共處的人……自己的世界受到傷害

例如我們告訴過各位，類型①「想把事情做好的人」是完美主義，他在根本上就害怕著「錯誤」，為了不犯錯而追求正確。所有類型都一樣，為了逃避恐懼，就會出現欲求、表現出行動特徵。

前面說明過，人的行動原理類似於電腦或手機的作業系統，我們確實也裝置像這樣的機制。

不會因為同樣是人、同樣是日本人、同一組織的伙伴、同一個家族，「就有相同的想法」。功能與角色本就不一樣。這樣想比較能增進對彼此的理解，自己本身也會比較輕鬆。

例如假設自己是電鍋，理所當然有「煮飯」的功能，並在這世界上好好努力。既能把魚、肉、菜等摻進飯裡煮，也能煮粥。

可是，某天，你遇見了「冰箱」這個人。他說自己很擅長冷藏、冷凍食材。

如果這兩方無法接受彼此，就會變成以下這樣：

電鍋：「一般而言都是要能煮飯的吧？」

冰箱：「不是不是，煮飯的是輸家。無法冷卻不是嗎？」

無法接受對方做法、功能與作用狀態的對話，就是會像這樣。在要相互配合的地方，卻怎麼都無法相互妥協。

此外，性格是會「成長」的。自己的本質很少會在短時間內成長，尤其會受到雙親類型很大的影響。

若擅長加熱的「樂天派」微波爐是在「領導型」冰箱底下被養育長大，情況就會如下：

（雙親）冰箱：「微波爐唷。所謂的家電，還是會冷卻的最棒喔！」

（孩子）微波爐：「是這樣喔？不會冷卻的家電就沒有價值呢！」

會以這樣的形式被加入雙親類型的思考方式。

既有就算放著不管，兩者的組合也能順利相處的情況，有時也需要努力去相互理解。

現在，為自己性格而煩惱、沮喪、情緒起伏多的人，或許是因為沒能好好理解因成長環境所形成的自我本質。

也就是說，性格有可能是朝著與本質完全不同的方向成長。

有時就會無法忍受這樣糟糕的感覺，變得備受束縛。

透過觀察人，希望大家可以回想起本來的自己，並以此來決定行動的方針。

以下讓我們繼續看下去吧！

## 理解前會先説出「就是啊！」的人

某次，我帶著朋友去兜風時，發現在不遠處有片花圃，於是說：「啊！好壯觀！」結果坐在副駕駛座上的朋友立刻說：「真的耶！」可是，朋友並沒有看到花圃。他看向了不同的方向。

像這樣，「能立刻和人同步」的是類型②，特徵是看起來「想為人做些什麼的人」。介紹這則小故事時，類型②的人都會給出非常好的反應，像是「是這樣啊！」「嗯嗯嗯！你真的很懂呢！」

針對這樣的反應速度，每個人都會有不同的感覺，像是「好棒的人喔」，或是「騙人的吧？」「他絕對不是那樣想的，對吧？」

因此，若要代為說明他・她的心情，就是：「每次都真的是這樣認為喔！」此外還有以下這些話：「希望你能了解」「我想你應該無法了解」。

**這類型人的行動原理在於「維持貼心人設」**。主軸為「想陪在喜歡的人身邊」。

在某次課堂中，班上大半人都是類型②，而另一半則分別為重視邏輯思考的①、③、⑤、⑧型。

我一樣說了一開頭說過的小故事，並試著問大家：「你們覺得如何呢？」

結果邏輯隊給出的反應是：「希望他了解後再回話」「要是不懂，希望對方能開口問」「不禁讓人覺得他沒內涵」。

另一方面，類型②的隊伍則出聲說：「立刻回話比較令人感到開心」「反應快氣氛比較熱絡」。然後因為出現了「對話中若有了冷場，就會令人不安」這樣的意見，因此，邏輯隊似乎也能認同「立刻回話」的想法。

類型②中也有強弱之分，但他們多會對「片刻不離」「好好待在身邊」感到安心，相對地則會對「不在身邊」「拉開距離」「有距離」感到不安。

在一開頭例子的情況中，我本來在說完「啊！好壯觀！」之後，只要向對方展示：「你看，右前方有花圃喔！」對話應該就能更深入。

在與對方相處中，產生出覺得「奇怪？」的不協調感時，首先請試著意識到「彼此間有不同的行動原理在運作」。

若有需要，也可以告訴對方自己這麼想的原因，就能增進對彼此的理解，相處融洽。

## 會被「最先進」「高自尊」「成功」吸引的人

我以前曾做過某時尚品牌的銷售員。某天，我前往總公司時，某位敞開花襯衫第二顆扣子，甚至有需要還會敞開到第三顆扣子、膚色曬得很帥的上司跟我說：

「你認為名牌是什麼？」

然後他用手指指著名牌的商標說：「就是這個標誌啦，標誌！就是這個有價值。」

喜歡像這樣高級、**「給人好形象」的物品，就是類型③的特徵**——看起來是「要達成目標才是有價值的人」。

他們的行動原理是憧憬並接近「高級」「頂尖」「成功者」「一流」這類印象。

這類型對「有展望」這樣的感覺有共鳴，擁有高度展望，會努力不被人趕上。

不過不太會讓人看見努力的過程，傾向於不為人知地不斷努力，然後讓人看見「變成這樣了」的結果。

也喜歡「能自我管理的人」這種形象，例如若是聽到「這是米蘭達・梅・寇兒（Miranda Kerr）*1喝過的甘酒」就會想喝喝看；若是聽到「矽谷創業家參加了鐵人三項」，就會在生活中採行。

說他們是「高意識系」*2，他們還真是有高度的意識。

在工作上善於「組建結構」，比起揮汗如雨的工作，更傾向於專心致志如何提高工作效率。總之行事合理、時尚又高級，這就是他們的行動原理。

唯一麻煩的是，類型③的性格愈強，就愈想成為「另一個人」。他們傾向於迫近理想的展望，追求把自己澈底逼到極致的結果，最後，愈是努力，就離本來的自己愈遠。

察覺到本來自我的關鍵點就在於周遭的人。若覺得周遭的人是由「都是與自己利害關係一致的人」所構成，或許就是暫停的重點。

類型③的人在人際關係上也有會考量到好處・壞處的傾向，承受的壓力愈大，愈會強烈表現出這樣的傾向。為此，或許看起來會是令人非常不快的人。

不過，正因為有像他們這樣的類型，才會產生出有美感的東西、新機制、方便的服務。其他人不需要做著同於他們熱情致力的事，只要能想著「喔～這樣不錯嘛！」有能享受的餘裕，以剛剛好的距離感和他們交往就好。

*註1：米蘭達・梅・寇兒，澳洲超級名模。

*註2：高意識系，日本網路用語，本用來形容能力高、具豐富知識和經驗的優秀人才，後轉為暗諷某人過度自我感覺良好或是過度關注自我。

## 被問到「你覺得呢？」的意見時就腦筋空白的人

說到衣服、電影等自己喜歡的東西時，又或是在協商或吵架時，一般人或許會去徵求對方的意見。

「這件事你怎麼想？」

「關於這點，你覺得如何？」

可是像這樣被人問到情緒上、感情上的事情時，有人會像冰塊一樣，瞬間結凍。

這就是類型⑤「追求事實的人」。這類型人比較沉默寡言、沒表情。不論於公於私，都不會報告那天發生了什麼事，也不會情緒性地去責備某人。

**他們的行動原理在於「追尋事實，收集情報」**，可稱之為「客觀力之鬼」，連看自己都像旁觀者的視角。客觀看待事情，專注於認為自己該做的事情上，並處理資訊。連自己的感情也用「喜悅」「悲傷」這樣的概念去捕捉，不會簡單形於言表。

與這類型人相處不來的是類型②「想幫忙的人」。類型②的人特別重視內心的交流，傾向於與人感性地來往，並希望對方也能以同等的感情回復自己。

因此，若類型⑤與類型②的人結為夫妻，不僅無法了解對方的想法，②的人還會逼問對方：「我說，你到底怎麼想的？」

這時候，⑤的人心中就會冰凍起來。

因為就算被問到自己是怎麼想的，他們也無法對所有事帶入感情、情緒，所以回答不出來。當然，他們也不是完全無感。只不過，**他們雖然能回答：「這部分，我認為○○是合理的。」卻說不出：「真是太棒了！超讚的啦！」**

不限於類型②的人，就重感情的人來看，或許都會覺得「不想成為那種人」。更何況若是成為家人，不僅很明顯觀點不同，有時還會生氣地覺得：「居然能說出這種不貼心的話啊？」

其實，另一半是類型⑤的人常會問我：「該怎麼辦？」

在這類諮商中，我都會回答：「請不要給對方『期待』的壓力。」因為賦予期待（「希望做好」等）對類型⑤的人來說會成為極大的壓力，反而會使兩人相處不順。

此外，也不可以因為某件事而責備對方，或情緒化地控訴：「拜託了解一下我的苦處吧！」我方的執著愈是強化，對方就會愈往反方向走，拉開兩人的距離。

而且很有趣的是，**別去責備對方，「安靜」地放著不管，對方反而會逐漸靠向自己。**

他們其實有很強的忍耐力、認真又很誠實。只要著眼在好的一面，就會知道，他們有著其他類型絕對沒有的難得性質。

他們雖然不善於解讀字裡行間流露出的感情或氣氛，但只要具體的拜託他們，他們就會行動。

例如想拜託他們照顧孩子時，請給出具體的指示：「在這種時候，希望可以這樣做、那樣做。」在他們能做到的範圍內拜託他們，不論結果如何都要表示感謝。

有很多夫妻都是利用了這個方法而能和睦相處的喔！

# 總是吹噓自己過去的課長，腦中都在想些什麼？

「在我們的團隊中，這種事是理所當然的吧？說到在那場比賽中啊……」大家有沒有遇過這類人，在聚會等處把幾十年前的足球或社團活動事情講得活靈活現，簡直就像上週才發生過的一樣？

能把過去的事說得很生動的人，有很高可能性是類型⑥模擬型人（口頭禪是「咦？真的沒問題嗎」）。

類型⑥的人重視「降低風險」，也就是說，是經常想像著未來的人。看到這裡，大家或許會覺得：「奇怪？對方總是說著過去的事耶？」

其實**類型⑥的人的意識會在未來與過去中來來往往**。

這類型會以「當時的心情」思考未來的一切並懷抱著不安。

反過來說，思考現實事物的時間就容易較少。因為不斷模擬從前發生過的事、將來會發生的事件，占用了大腦的記憶體。

說起模擬的內容，很多都是負面消極的模擬，像是「要是變成這樣該怎麼辦？要是變成那樣該怎麼辦？」「真的可以順利進行嗎？」「失敗了怎麼辦？」「可是這種情況只能這麼做了……」。

這種特性是造成他們成為降低風險高手的原因。他們的風格是總會設想最糟情況，然後為讓事情不要發展成那樣買保險。

這類型人若作為領導者主持會議，特徵就是「總之時間會拖很長」。不少人會覺得會議時間愈長愈安心。**對這類型人來說，列舉出這也不是、那也不是的各種不安因素，才能帶給他們安心感。**

因此，就行動力上的意義來說，他們稍微弱了點，但另一方面則很擅長支援，會考慮到各種事情，處事圓滑。

這麼一說明，或許有人會覺得「這性質看起來好懂，其實不好懂」，但只要了解行動原理就容易理解了。

類型⑥的行動原理是乾脆俐落，「討厭成為不被人喜歡的惡人」。之所以不想負責，單純來說是「不喜歡被人討厭」這種恐懼所生出的欲求。

類似於類型②「想幫忙的人」，但類型②所持有的價值觀是「若能讓大家一起熱鬧開心就是幸福！」與之相對，類型⑥則重視「大家團結一致！同甘共苦！」這種類似團隊運動的連帶感。

在「大家團結一致！」的根本中，有著「缺乏對自己的信任」。把往昔的事說得像昨天才發生過的也一樣，回憶著過去的體驗，像是「在○○社團活動的時候」「住在○○的時候」「從事○○工作的時候」，也是找回對自己信賴的契機。

因為有這樣的特性，類型⑥的人與類型⑧的「領導型人」適配度才很好。⑧的人能自信滿滿的主張：「自己絕對正確」，他們在組織上位時，類型⑥的人會說「好！」並傾全力支援，發揮力量。

日本有很多組織中都有類型⑥的人在工作、支撐著。

這類型人的工作方式，簡直可說是「讓旁人（身邊的人）樂得輕鬆」。「二十四小時營業」「全年無休」這類對消費者來說很方便的文化也是因為這類型的支援力而得以成立。

不過這類型不擅長面對變化，想給出某些建議時，提示出絕對能降低風險這點很重要。

## 本大爺系的本質「其實很膽小」——胖虎主義的行動原理

「大雄的東西是我的。我的東西還是我的。」

這句話是由知名的剛田武（胖虎）所說，像這樣蠻幹的本大爺主義，我稱之為「胖虎主義」。

在胖虎主義的世界中，「顯示力量」非常重要，所以會去挑起無謂的爭執，就像是在沒火的地方刻意去引燃火種那樣的感覺。為了展現力量，用腹部出力，發出極大的聲音、大聲開門，有時還會破壞物品。

有著胖虎主義的人，就是類型⑧「領導型人」。

他們可以說是能夠表現出擁有絕對自信，而且目的是「位居他人之上」的類型。

例如，若這類型人是社長或身居要職的人，就會在人前大聲呼叫下屬，像是「喂！」或是「給我立刻做這件事！」

但有趣的是，他們會傾向於「有觀眾在場時才做」。也就是說，這是表演的一環。就像是爆走族不會開著如同豐田Prius那樣安靜的車到處跑一樣，他們的目的不過是要刷存在感罷了。

這類型人看起來很豪爽、不執著，但會用「敵軍・我軍」「勝利・戰敗」的角度來看人，會對誰展現出強大，實在很值得玩味。

若有不喜歡的人事物，也會在私底下操弄資訊，或為了增加同伴而對他人進行洗腦，常會做出偷偷摸摸的行動。

類型⑧的性質若用比喻來說就是野生動物。眼睛及鼻子很靈敏，天生就能偵測出「強者」「弱者」「有利者」。

那麼要說這種野生的直覺到底是從哪裡來的呢？答案就是「膽小」。

這類型的人常認為，「若自己不是頂尖，就有可能被幹掉」，因此為了遠離那樣的恐懼，就會展現出強大。

不過，他們也並非完全沒有人望。相反地，狀態好的時候，他們正會像「電影版胖虎」般，盡心盡力守護同伴，成為帥氣的領導者。組織中，若類型⑧狀態好又活躍，下屬們的士氣也會提高。

另一方面，在壓力大的狀況下，就會強烈表現出以下的特徵：挑釁似地找所有人吵架、狂暴亂吠，暗中在私底下偷偷摸摸地活動。

或許也有人會覺得難以區別類型⑧與類型③「達成目的才有價值的人」。

大致分來，類型③是「聰明的合理主義」，會選擇用最小限度的努力來給出最有效率的結果。因此，比起自己行動，會動用自己的大腦或人脈，以打造「會出現結果的機制」。這就像是現在歐美成功人士的形象對吧？他們也不會主動參與鬥爭。

而另一方面，類型⑧可以說是「豪爽的合理主義」，在某方面很有昭和風，不討厭「使用自己的肢體與直覺來勞動賺錢」。

此外，類型③社長所取的公司名會用字母顯現出時尚風，但另一方面，類型⑧的社長則會把自己的名字放入公司名稱中。

**類型③是會因為想變得和某人一樣而努力，而類型⑧則頂多是誇示自己的力量，就追**

求結果這點來說，兩者有著共通點，只是方法不一樣。

若用這個觀點來觀察公司或大樓名稱，多少能想像得出持有者的性格，很有趣唷。

## 就算看著食譜，最後仍「無法完美重現料理」的人

以前我曾誤以為自己擅長做菜，並以成為料理研究家為目標。要說我為什麼會覺悟到原來是誤解，是因為成為料理研究家必須要有「能做出固定味道食譜的細膩」，須要細膩的設定出要幾大匙？幾小匙？幾公克？

在這點上，我是以「調味用大匙是嚐味道用」這種感覺來做菜的類型。打開料理書後我覺得自己懂了，想著「就是這種感覺吧」開始做菜。就算忘記加入食材，也以「啊……算了」帶過。就算是做同一道菜，昨天和今天的味道也一定不一樣，應該說我的習性是，若味道一樣就會覺得膩。關於這點，我是認真開始學習後才注意到的。

因為這樣，我立刻放棄了料理這條路，但我是類型⑦「興奮進行大冒險的人」。

例如有些店家的招牌是法文，推出的卻是烤魚定食、有些店家推出的每日套餐配菜有

幾十種等，這類會讓人搞不清楚「這是在賣什麼的店？」的店主很有可能就是這類型人。同樣喜歡冒險的人能理解，但或許愛好「經典招牌」的人會敬而遠之。

從這個特徵我們也可以知道，類型⑦不怎麼精明，興趣總是變來變去，傾向於在窮究某件事前就會開始轉移注意力到別件事上，因此不夠深入了解某方面，而是「懂得多但懂得淺」，結果就無法了解事物真正的有趣之處。容易變成這樣就是他們難處。

這類型的人要能深入了解某件事，重點是要適當地加入娛樂性、玩樂元素，讓自己能樂在其中。

**若強化「不得不做」的義務感或規則，就會削弱這類型人一鼓作氣去做的幹勁，並開始逃避現實**。為了逃避不喜歡的事，他們會開始進行新的事物，然後又立刻膩了——他們會不斷重複這樣的過程。

不過另一方面，若這類型人狀態良好，就會像類型⑤「追求事實的人」那樣，深入追尋，因為淺顯或表面的知識反而無法滿足他們。

這類型周圍的人可以在某種程度上讓他們自由，而非強制加給他們什麼規則。

對這類型人來說，察覺自己在逃避現實、主動想要把現實變得有趣很重要。

這類型人從幼年時期看起來就有專注力不足的傾向。如要改善專注力，鍛鍊身體很有效。像改善O型腿那樣調整姿勢平衡，深呼吸，意識就不太會散亂。「壯膽」也很重要。

## 散發出有藝術性、「神祕風格」的人

職場上，是否有「非常神祕的前輩」呢？

好像不太好親近、好像很溫柔、跟他搭話他也不會說太多，表現出好像隱藏些什麼事般。感覺面無表情，話雖這麼說，卻有著不可思議的存在感而很顯眼……。雖然會在意地讓人想問他：「請問，有什麼需要幫忙的嗎？」卻完全不接受自己突如其來的關心。

就像這樣，有這種獨一無二特殊氛圍的就是類型④「想做自己的人」的特徵。

他們在藝術性上的感受很強，很有個性。很在意自己能動手做些什麼、表現什麼的創意。這類型人若在「其實明明不應該遭受這樣的待遇」的理想與現實間有落差，就會出現像開頭提到的「前輩」那樣的氛圍。

我有一位朋友以前曾活躍在創意世界的第一線，後來因為生產而離開了本業。之後，她去做庶務的打工時時這麼說：

「我現在的工作是負責接電話。這是我該做的工作嗎？」

聽到這話，很多類型的人都會簡單下結論：「嗯，因為是庶務工作啊。這工作就是這樣喔。」但類型④的人卻不這麼想。

他們的行動原理是獨一無二，所以常被「容易被取代的工作不是自己該做的工作」這樣的想法所驅使。

這類型人會糾結在「我比所有人都有自信，也比所有人都沒自信」「想被人百分百理解，但我又不是那麼容易被理解的人」這些相反的想法中。

雖然在一定程度上自己也能理解，但當承受的壓力極端強大，就會失去客觀性，變得很辛苦。

例如才想著要向人傾洩「希望被擁抱」的心情，同時卻又發動「不要碰我！」的情緒。哭叫著：「出去！別碰我！」但實際離開房間後，會從背後傳來他們的叫喊聲：「這麼簡單就被拋下的我，沒有活下去的價值！」他們就是會做出這種類似連續劇場景的行動。他們傾向於藉由把人們的關心集中在自己身上，以實際去感受到「活著」這件事。

他們的狀態愈糟，愈追求強烈的刺激，所以會發生明明拖欠房租，卻又去高級餐廳吃飯、乘坐列車的豪華座、耽溺於酒精中、日夜顛倒、談著激烈的戀愛等，把自己逼入窘境。

若身邊有這類型人，請不要正面接受他們說的話。因為陪他們一起耗盡心神、一起沮喪無法幫助他們。反而要以一貫的距離與他們接觸、持續陪在他們身邊，這才是讓這類人浮上來到「好狀態」的關鍵。

被傾倒情緒時，別回以正論也很重要。不好好承受對方的情緒也沒關係，只要回應：「嗯，就是說啊」，表示出理解他們心情的模樣就好。首先需要這樣來穩定他們的心緒。

# 大聲說出「我說過了要安靜的吧！」的媽媽們

大家應該在購物商場或餐廳等處看過對孩子耳提面命的人吧？經常會聽到「我說過了要安靜的吧！」「不要跑！」這些話語。

像這樣的行動在類型①「想把事情做好的人」身上很常看到，是其特徵。

類型①的人行動原理是正確，不可以給周圍的人添麻煩。**他們的想法是，人應該要確實遵循準則而活。此外他們也認為，為此，成熟的人應該要給出引導。**

若把這樣的規則套在孩子身上，表現在外的形式就會像開頭那樣。

類型①本就有「配合周遭，回應期待」的優點。

因此有著「好媽媽」「好爸爸」「優秀商務人士」這樣明確的理想樣貌，能在社會或組織的制約中克己禁慾地活躍著。

另一方面，他們不擅長「以自己的意思來做決定」。要是被人說了：「來吧，你可以自由地想做什麼都行唷！」就會很頭痛，因此會認為「制訂出準則來比較容易著手」。例如遵守父母的教誨、組織規定、法律、常識等基準，以規範、保護自己。這種克己的基準愈是強烈，也就愈容易約束別人。

很多類型①人的特徵是，在肌膚的感受上很敏感，喜歡百分百純棉、百分百純麻、百分百純羊毛等觸感溫柔的材質，顏色上也傾向偏好黑色、灰色、米色、白色等單純色調。

伴侶為這種類型①的人曾來諮詢我：「我不知道該怎麼和他相處。」

例如若想和提醒孩子的類型①爭論：「也不用完全安靜到那種地步吧，畢竟他還是個孩子啊。」就要注意，你會被對方認為是「不守規矩的人」，兩人間會形成極大的障壁。

因為對類型①的人來說，「錯誤」是最恐怖的，他們難以忍受行動遭受批判、否定。

想要改變類型①人的想法，首先不要否定他們的準則。若用自己的正確去對抗對方的正確，反而會強化對方的準則。尤其即便是能無視周遭人的規則，他們也有著會把這些加諸在家人等周遭親近人身上的一面，所以要留意。憤怒的情緒會大為影響腸胃，所以很多類型①的人都有胃痛，或是因為大力咬牙而導致頭痛（他們看起來腸胃不好，所以也有會注意飲食的傾向）的困擾。

要我來說，比起改變思考，建議這類型人可以先放鬆身體。伸展縮起來的肩膀、舒緩緊張，就可以放鬆咬緊的牙關、找回本來的柔軟性。不過愈是緊張，警戒心就愈強烈，所以也有人不喜歡像是整復推拿等會被人觸碰到身體的事。這時候，建議可以先試著和家人一起做收音機體操，或是試著做伸展操。

學會寬容的類型①人會如湖面般有著寧靜與平穩，也會擁有很棒的氛圍。若狀態好，將是非常可靠的存在。

## 「不知道想做什麼」的朋友

「不知道想做什麼……」

現今已是飽食時代，不再是「為了吃而工作」。「工作要做想做的事」這類想法也很常見，人們不再只為了工作而工作。但在這之中，既有人能果斷決定想做的事，也有人是：

「就算這麼說，我也不知道想做什麼……」

後者的「不知道想做什麼」，就是經常可在類型⑥「模擬型人」身上看到的特徵。

只要和類型⑥的人聊到想做的事，可以說一定會聽到像是這樣的句子。

「如果被問到『真的想做嗎？』好像又沒有想做到那地步……」

出現這句話時，**並不是因為有人問了類型⑥的人「你真的想做那件事嗎？」**雖然會讓人覺得：「那到底是誰要聽這個最終回答啊！」但只要想一下這就是類型⑥的人的思考回路就能理解了。

在他們的腦內會議中，經常會針對「基準」進行審議。

例如被問到「喜歡這個嗎？」時，類型⑥的人會用兩個基準來思考。

一個是「所謂的喜歡應該是要符合……」這類「想像上的基準」；另一個是回顧自己過往體驗的「過去基準」。

往返在想像（未來）與體驗（過去）間，設下「嗯，我一定是喜歡這類事情」的基準，沒有符合這個基準，就不認為是「喜歡的」。可是這個基準包含了一半以上只是想像卻尚未體驗過的事，因此是非常高的基準。在腦內會議中就會出現如下的意見：「這樣真的是喜歡嗎？」「所謂的喜歡不應該要有更多的熱情嗎？」

最後，類型⑥的人就會下這樣的結論：「不討厭。」

類型⑥要素比較少的人就會覺得：「什麼啊這是！到底是怎樣啊！」但類型⑥的人責任感很強，所以無法簡單表現出喜歡。

就像這樣，他們連在「喜歡」還是「討厭」的兩個選項間都難以做出選擇，何況是面對「你想做什麼？」這種幾乎是沒有範圍限制的問題。

因為雖然在經驗中有著「試著去做了覺得有趣的事」，以及「覺得還不錯的事」，但是腦中還是會充斥各種意見爭論不休。

「可以把那種細微的感覺也包含在『想做』裡面嗎？」「要像那樣難以取代的才是想做的事？」「想做的事應該要有打心底湧出熱情的感覺嗎？」

作為比較的對象，就是「熱情活動、閃閃發光的人」。他們會一邊想到有明確自我意見、說著夢想與展望的人，一邊面對：「自己想做什麼？」這個問題。

由這樣所導出的結論就是「若是被問到『真的想做嗎？』好像又沒有想做到那種地步。」另一方面，類型⑥的人對「不想做的事」卻很明確。這是因為對於不明所以的事物得進行挑戰，所以他們不會對沒有確實保證安全的事物出手。

沒有想做的事、連一步都踏不出而滿是煩惱的類型⑥人，希望可以試著想一下：「**要做某件事，不須要有撼動人心的熱情**」。

在煩惱要做什麼・不做什麼時，只要留心選擇「一點一滴培養靜靜的喜悅」這個選項，腦內會議的基準就會下降。

## 爆發說著「已經夠了」而斷絕關係的人

在講座進行時以及結束後，說著「可以耽誤您一點時間嗎？」而開始說話的人，有半數以上都不是「耽誤一點」而已。

若是能構築起信賴關係的人，可以輕鬆且話嘮地問：「可以叨擾你（時間）嗎？」或是「唉呀，要來聊天了嗎？」但若是初次見面，很難這樣做吧。

類型②「想幫忙的人」的常見特徵，多被人認為是「一開始說話就停不下來」「話題東拉西扯，不知道他到底想講什麼」。

對類型②的人來說，他們不擅長「簡明扼要」。直說到談話核心為止，很多時候都要花很長時間來做背景說明。在座談會上，若交給他們「請用兩行寫出自己的觀點」的作業，他們有時會交回來五行。

會有這樣的行為，是因為認為「不好好說明就無法表達清楚（討厭表達不清楚）」。之所以會這麼想，是因為很在意未來。類型②的人也和類型⑥「模擬型人」一樣，習慣模擬未來。

類型⑥的人主要是在想像「守護自己、家人及所屬組織」，**而類型②的人守護對象則是擴及到「周圍廣大人群」，所以有很大的不同**。

類型②的人有時也會因為那樣深刻的體貼被人說是「多事」「僭越」，但之所以會為他人而做了許多，是因為心裡想著「那個人沒問題嗎？」而產生出來的結果。

不過，一旦這樣的傾向變強，過於用心，有時也會疲憊。

類型②的人累積不滿後經常會說出「已經夠了吧」這句話。這分不滿尤其會在「為了對方而做，但對方卻沒有回報」時生起。

若沒有收到認為該有的回饋，就會生出「應該要更感謝我才對吧？」的煩躁感，另一方面，他們又會說好聽話給自己聽：「不，這是我想做才做的，沒關係！嗯，就是這樣，這是我的心意！」但若累積起來，就會大爆發：「夠了！」然後愈是強化「希望有人能理解我的心情」這種想法，就愈傾向於花很長時間來說明前述的狀況。

對類型②的人來說，別為了他人，有時意識到要為自己行動是很重要的。此外，擴大交友圈、分散關注也很好。

## 「始終不參加Line群組的媽媽友」V.S對此感到「煩躁不悅者」

溝通上容易產生「誤解」的，除了一對一的相處，尤以Line的聊天群組為代表。興趣群組、學生時代的朋友群組、職場同事群組、媽媽友群組等，應該很多時候都是多數人在對話。

這時候，因著溝通風格的不同就會產生差異。

**聊天群組可大致分為三種，分別是「反射組」「深思熟慮組」以及「旁觀組」**。這樣分組後，就會讓人有將要起糾紛的預感。不同的網路溝通風格，對觀察人來說是非常有趣的題材。

首先，反射組是類型②「想幫忙的人」、類型③「達成目的才有價值的人」、類型⑧「領導型人」。他們能迅速做出反應，擅長言語化且有瞬間爆發力，可以很快做出反應。

另一方面，要花時間回應的是深思熟慮組。例如類型④「想做自己的人」會花時間思考選詞用字，所以會覺得「不知道立刻回應類型的人說的什麼意思」。

此外，類型⑨「和大家和平共處的人」吸收語言的速度本就比較慢，若在閱讀他人發言的時候接著又出現了下一句話，思考就會停住。他還在努力思考前面幾個話題並打字，畫面上，這個話題卻結束了。**於是他要把打的字全部消掉，在閱讀下個話題時就覺得很麻煩，便靜悄悄地把手機蓋在了桌面上……**在類型⑨身上就會出現這類情況。

也就是說，因為擅長・不擅長言語化、喜歡・不喜歡、時間流動感覺的不同，每個人回應的速度也各有不同。

此外，「旁觀」也有含意，一大理由是，他們潛在地認為「為保持群組和平，自己不要出面（不可以出面）」。

這是在類型⑨身上尤其會看到的傾向，但其實在某程度上來說，每個類型都會有這傾向。「不可以展現出真正的自己」這是在無意識中為確保安全而出現的行動。因此，若能自覺到自己本質上的類型，有時就能變得主動些。

在這種形式的溝通中，生氣於「居然已讀不回！」的人，希望各位能認識到，人有各種各樣的類型，強迫對方配合自己的步調，「就是擾亂對方的步調」。

另一方面，傾向於靜悄悄把手機放一旁的人，則可以只送出貼圖，以表現出「我有好好看過了」，彼此互相妥協一步。

# 不遵守洗衣規則的丈夫

毛巾中混有外出服、襪子隨便亂脫還捲成一團、襯衫的袖子有一邊是內面……。沒錯，現在在說的就是洗滌衣物的事。

或許有人會覺得「男性就是這樣的吧？」但實情絕非如此。也有男性很嚴格遵守規則與秩序，其中還有人不讓他人洗自己的衣物。許多類型的人都是只要跟他們說清楚，他們就會說：「是這樣啊。」並確實遵守規則。

但是也有兩種類型是不論說幾次都不改正的。

一個是有著會栽進現今當下感興趣事物的類型⑦「興奮進行大冒險的人」。告訴他們：「把這行為改過來啦。」時，他們雖會回覆：「嗯，會改會改！」但也只會努力個一～二次，然後馬上又故態復萌。

類型⑦的人無法只專注在一件事上，作業途中會叫著：「啊！」「喔！」發現到別的東西，然後把注意力投注在新事物上，而不會去注意之前正在做的事、被人提醒過的事。

說起來，他們雖然被提醒過了，卻依舊難以完全遵守規則。

而另一個就是類型⑤「追求事實的人」。就算告訴這類型人：「把這行為改過來。」他們也做不到。翻譯一下他們這時的思考回路就是：「**衣服只要洗了就好，我不懂放在地板上有什麼問題。**」

他們本就是會專注在一件事上的一點集中型，很多人都對於「規矩生活」沒什麼興趣。

不論是類型⑦還是類型⑤，都多少會配合家人以取得和諧，但不能要求他們太多。

要縮小讓他們配合的範圍，畢竟這兩類型人的閃閃發光之處本就不是在「生活中」。所以請不要用「身而為人」，或是「一般來說」，或是「要我說幾遍？」這些話來責備他們。只要想著：「也是有這種情況啊」輕鬆帶過，去發現他們的優點，這樣一來，不論是在工作上還是家庭中都能融洽相處。

## 一提議「要不要來打掃」就突然生氣的人

雖一言以蔽之是「打掃」，依據不同類型，對打掃所懷有的概念（打掃的方式或美感）都各有不同。就跟對自由、幸福的定義一樣，有各種各樣。

我是在家工作，所以來客率很高。有人會說：「你家總是打掃得很乾淨呢。」也有人會說：「怎麼回事？今天好像不怎麼乾淨？」我非常理解，即便看的是同一件事，人們卻經常所見不同。

一間房間的模樣與主人性格的模樣其實是互有連結的。

例如類型①「想把事情做好的人」會將各種物品如住所般規定好收納場所，像是遙控器要放這裡、面紙要放那裡等。因此，房間總是很整齊乾淨。

另一方面，也有類型是把各種東西混在一起放得很零散，那就是類型④「想做自己的人」。他們身心狀態好的時候，房間就很乾淨整潔，但若是健康不佳或很忙的時候，與之相應的，房間的混亂程度也會提升。地板上會堆積有各種物品，文件與內衣混放，要洗滌的衣物得從乾淨的衣物堆中拿出的情況更是所在多有。

與類型④的人相處時一定要注意的是，若這時候對他們說「把東西收拾一下吧」，或「你還真是不會整理東西啊」，他們會遭受很大的打擊。有時視情況而定，甚至還會又哭又叫。

在聽講的人之中，也有人是「就是收拾不了！」或是「說什麼要我整理東西，真的讓我倍感壓力！」所以會把「別叫我整理收拾」當成結婚條件的。

這類型人並非不會整理收拾，他們的美感意識反而比別人高出一倍。

但是其基本性質就是無法一點一滴做整理。**不是〇就是一〇〇，他們無法從「只整理玄關」這樣的小行動中，獲得「我做到了」這種滿足感。**

此外，他們也有把理想設定得高遠的傾向，例如有時會看了雜誌後把美麗的房間當成理想，然後對自己房間與理想的差距感到絕望。

類型③「達成目的才有價值的人」會高舉遠大理想，緊緊咬住不肯放棄，但類型④的情況是對理想與現實間的差距感到絕望。他們的特徵是往返於高遠理想與當下的自己之間，不斷重複著期待、失望、糾結的過程。

**他們的身心狀態會與房間的狀態相連結，所以狀態不好被人說「去整理一下吧」時，就會覺得自己被全盤否定了，因此會變得又哭又叫。**

類型④的人要掙脫掉這樣的糾結，首先要接受自己的性格是會關注高遠理想與現實自己之間的差距，重視「一步一步」微小的行動。

他們在姿勢上會有駝背、縮肩、骨盆前傾等因身體歪斜而使得胸腔緊縮的傾向，所以重要的是，要習慣去做調整身體平衡的伸展、暢通呼吸。呼吸若淺，自律神經也會運作不良，視野就容易變狹隘，但只要調整好呼吸，就能從容不迫。

同時，透過察覺因自己的想像而打造出與人之間的距離，就能發揮出本有的創造力。

## 束縛妻子，自己卻常外出的丈夫

「今天要去哪裡？」「幾點回來？」「和誰一起去？」「那個人我認識嗎？」……有些丈夫是祕密主義型人，會像上述那樣詳細詢問妻子的預定，但卻不太說自己的事。

他們會說「我出去一下」，結果一問他們何時回來，卻打馬虎眼說：「這種事我怎麼會知道」。他們在外盛宴款待他人，花錢如流水，卡一張張刷爆，還會頻繁去有女公關接待的酒店，然後總是說著這就是「男人」。

就像這樣，在外頭努力扮演「豪爽男兒」的角色，其實卻是比別人還加倍愛撒嬌的人，這就是類型⑧「領導型人」的特徵。

類型⑧的行動原理是「必須要強勢」。他們經常外出也有鞏固勢力範圍意義的一面，所以會定期去「熟悉的店家」露面。此外，他們也想跟認定是同伴的人說真心話，有著想近距離待在一起的傾向，所以會一家喝過一家。

就根本上來說，他們「希望別人關注自己」的欲望很強，所以容易嚴厲束縛他人，尤其是針對伴侶，會表現出如一開頭所寫那樣仔細詢問對方預定的行動。他們害怕對方離開，很多時候一旦結婚了，就會希望伴侶能辭掉工作。他們另一個常見的特徵就是會認為伴侶「怎麼可以和異性碰面、出席同學會！」

他們若在工作上遇到壓力、不安感愈強，這個傾向也愈強烈。也有少數例子是有女性會因為伴侶的暴力相向、道德騷擾而跑來找我諮詢。在外面，這類人會演得像是「為妻子著想的丈夫」，但一回到家，就會掀起暴力、惡言相向的風暴。類型⑧一旦出現了不好的特徵，就容易變成這樣。會想讓對方服從自己而逼迫對方，做出類似控制對方心智的舉動。

此外，也有例子是即便沒有出現暴力，卻會開始偷偷進行「監視」。例如每晚檢查伴侶的刷卡明細、在行動電話上設置會用到GPS的APP，同時也會在水面下行動以操弄訊息，有時還會說謊。

以前我還在公司上班時，我的主管就是這種類型。他會在隔壁的會議室中偷聽有沒有人在會議上說自己壞話，這種事對他來說是家常便飯。他多會因衝動行事，就算說了謊，也會因前言不對後語而容易露出馬腳，但本人卻沒發現……。

總之其根本就是「容易感到寂寞」。

突然爆怒時就是「看看我」的信號。

能與類型⑧交往融洽的人，是容易處理這種事的人。

有時他們在半夜回家，明明妻子已經先睡了，卻會突然打開寢室的電燈，唰地拉開棉被說：「今天發生了這種事，很有趣喔！」**做出想分享當下那個瞬間的喜悅的行動**。這時候對他們發怒是沒用的，只要試著回應：「嗯嗯。」就能讓他們的衝動冷靜下來。

此外，這類型人會靠「飲食」來補給能量，有時也會在三更半夜說：「好想吃東西喔。」這時的重點也是在於要說：「我可以做這個給你吃，怎麼樣？」而不是嘆氣「哎……」在家庭中能做到這樣的太太們都向我報告說：「家庭變美滿了」。

半夜兩點被先生拉起來聽報告時，只要回應「嗯嗯」，也有些丈夫會說著「抱歉啊」並為太太泡茶的（或許有人會想，既然這樣就讓我早點去睡啊……）。

就像這樣，若能融洽相處，這類型人就會表現出開朗、親密、撒嬌等好的一面。

順帶一提，我想告訴被類型⑧人日常道德騷擾而煩惱的人說：「希望你們一定要建立公共的第三方機關」。被有著社會性立場的人強硬地指出些什麼時，他們就會變得非常弱勢。

# 戒不了賭的父親

住家附近有賽馬場，外型相似的爸爸們，宛如整隊士兵般被吸了進去。

很不可思議的是，他們從身型到頭髮角度都一樣，看起來簡直像是樂高的人偶，讓人忍不住發笑（當然，在賽馬的粉絲中，也是有人覺得馬本身就很浪漫，但這些人就排除在這類模樣之外，另當別論）。

很不可思議的是，同一模樣的所有人在賽艇場與小鋼珠店也有。要說他們的共通點就是有著「錢變多的夢想」。

當然，所有人對於錢變多了都會感到開心，但是對這類型人來說，「獲勝並獲取現金」尤其是他們喜悅的源頭。

其實沉迷於賭博傾向很強的也是類型⑧「領導型人」。

類型⑧的人以「勝負」為人生標準，對他們來說，「獲勝贏錢」＝能夠「細細品味自己力量」的絕佳時刻。程度比這個原理更原始化而形諸於表面的就是威嚇。

就像這樣，即便是同樣的類型⑧，既有人是在商業方面有進展而拿出了成果，也有人是沉迷於賭博中，還有人是走上了犯罪的道路。

此外，類型⑧的人有著「擴大」的志向，就算是不想要的東西，有時也容易生起想要獲得的欲望。感覺就像是：「管他是什麼，反正就是想要」。就如同在黑白棋中增加陣地的感覺。

同時，就賽馬、賽艇、自行車競賽這類活動來說，會在「自己選擇的某人正行動著」這點上，容易獲得「以自己力量移動棋子」的錯覺，所以會覺得很開心。

他們也傾向於現金主義，但其實對好聽話與賺錢的話題耳根子很軟，也容易增加負債……。他們意外地容易受人影響，所以也可以說，為了不要走上可疑的一攫千金之路，如何持續腳踏實地的努力，對這類型而言很重要。

## 堅持只用「蘋果產品」的丈夫

房間總是收拾得一乾二淨，放在桌上的電腦是蘋果公司製造的，放的音樂是流行的西洋歌曲，手上戴著 Apple Watch，手機當然也是 iPhone。他們說：「我不是堅持只用這品牌，只是因為很有效率。」

就像這樣，被智慧型產品——這類代表著蘋果公司的產品——所圍繞的人們，有著類型③「達成目的才有價值的人」的傾向。他們有玩心，會自動與人同步化，所以能以較少行動達成目的，總之就是很瀟灑。

類型③的人抱持著「玩樂與工作都要很酷」的宗旨，住所、車子、伴侶等都以「比起之前，有確實提升等級」為價值來生活。很多伴侶是類型③人的女性都來找過我做以下的諮商。

「我不知道他的心在想什麼」。

沒錯，就是這樣。類型③的人會傾向於避免兩心貼合的親密交往。因為他們所追求的是「成功者」的形象，其背後正潛在懷著「害怕被人看到真正自己」的心思。

因為這個恐懼，就覺得人的心念很「沉重」，其中也有人透過擁有好幾名伴侶以像守護著聖火火焰般，守護「有魅力的自己」這種形象。

類型③的人當然不只有男性，也有女性。若是女性，其外觀除了看起來很美麗文雅，身上穿戴的東西也都是高級品，會迅速把最流行的東西用在自己生活中。在選擇伴侶上，傾向選擇醫師、律師等社會階層高的男性。

不過在與人的交往上，還是會拉開一點距離。

類型③的人很多時候的自我認識都是：「自己很理智，不是會迷戀人的類型」，但這樣的傾向其實是因為「害怕與人過於親近，自己的形象就會大為轉變」，所以有時也會暗中失眠。

很有趣的是，他們雖有「不想與人靠近」的恐懼，但在心底卻也有渴求著「能看穿自己本質的人」「絕不會離開的伴侶」的傾向（當然本人是沒有自覺的）。

就我個人的調查結果得知，類型③人選擇的寵物會偏向狗，而非貓。因為狗與飼主的距離較近，而且不會背叛。在真正意義上要與他人保持距離感的人會養狗嗎？我在其中感知到了他們的心意。

**在潛意識中雖會渴求與某人的牽絆，但內心卻無法輕易接受。**因此，若是帶著「想把對方變成是自己的」，或是「想一直在一起」這類執念來接觸類型③的人，反而會拉遠彼此間的距離。

類型③的人有時會變得太有效率，但那是在渴求精神上安定的反面。能緩和這個傾向的祕訣就是增加心靈上的安定。前述的養狗或許其實也是與心靈的安定有關。

## 興趣無休無止！總是和朋友混在一起的丈夫

家裡電鈴響了，送來的是亞馬遜的紙箱，從裡面拿出來的東西經常是讓人搞不懂的專門用品。

就像這樣，很狂熱且擁有廣泛興趣就是能在類型⑦「興奮進行大冒險的人」身上看到的特徵。

類型⑦的人會邀約家人去露營後，會在集合地拿出之前亞馬遜送來的不知道什麼的東西點火，然後從攜帶用保冷箱裡拿出採購的肉類。吃了一陣子烤肉後，接著又帶著孩子去划獨木舟……。

若只擷取這個片段，會覺得這是位對家人很好的好父親，但這不過是其中一小部分而已。隔天他又會去買帥氣的服飾與慢跑鞋，然後第二天就開始去慢跑。原以為他會繼續下去，結果下週他就一早出去釣魚，或是不知道從什麼時候起又變成了去衝浪，半年後改開始泡茶、吟詠俳句。他們的朋友也很多，到底去參加了哪些活動也讓人看不清全貌。

類型⑦人有著這些代表性的行動，他們所重視的就是「獲得刺激性的體驗與滿足」。「想知道不知道的事！想做做看沒體驗過的事！」他們擁有各種興趣，會對體驗沒做過的事情感受到刺激與喜悅。

他們很擅長於同時做許多事，一整天排定的預定數也是其他人的一倍。沒有悠哉休息的選項，也很常花錢。

我經常會聽到有這類型伴侶的人跟我說：「丈夫（妻子）都不常回家」「休假時都跟朋友出門」。

若這種傾向過強，或許會讓他們覺得，要是待在家中可能會有很多必須要做的事，或是「得聽家人說些消極的話」。

尤其類型⑦的人不喜歡「討厭」「痛苦」這類情緒。對他們來說，一直想著「未來的不安」「過去討厭的事」是一種痛苦，他們無法一直去聽人們的不滿，或沒頭沒尾的話。討厭的感覺愈是增多，愈會為了逃避現實而動起來。

若就非類型⑦的人來看，或許會有「想一起解決育兒的大小事」「希望對方聽聽自己在白天時人際關係上的不愉快」等要求，但逃避負面消極話題是類型⑦的特性。若是談到關於「要是這樣會很危險吧？」這類風險性話題，就會讓他們格外厭惡。

因此，若能以「想變得更……」或是「好像很有趣」等具吸引力的表達方式來展開話題，或是將抱怨轉換成有趣的話題，或許他們就會願意傾聽。

類型⑦的缺點就是看待事情的準確度很粗略，容易淺化所有經驗。若是一直逃避現實，就永遠都不會滿足。

人生要能醞釀出深度、專注在一件事上，**就要改變「幸福是要去抓住的」**這種想法。只要看向「現今所擁有的東西」，把注意力放在「決定好最喜歡的事」，而非在某處的某件事物上，應該就能觸碰到事物的深層部分。

# Chapter 4

# 一承受壓力，

# 性格就會改變！

## 恐懼愈大，缺點愈明顯

在第三章中，我試著一併介紹了全部九種的性格，以及各性格容易出現的特徵。是不是有很多人在回顧自身時會想到：「啊！或許我也是這樣！」或是置換成最親近的人，覺得「啊！說的不就是那個人嘛！」

只要去觀察人，就能像這樣，在某種程度上客觀地看出一些端倪，清楚知道「自己」與「他人」的不同。

若只看表面的行動，很容易會用「好・壞」來做出判斷，但只要理解了其背後的行動原理，以及對方對什麼感到恐懼，就連看起來莫名其妙的言行舉止都能知道其中的原因。

希望大家不要誤解的是，我們並不是要把人歸類在這九種類型的其中之一裡，並斷定「這個人因為是這個類型，所以才會這樣！」

重要的是要知道每人都有各自的世界觀，有各自偏好的方法，觀察人最主要的目的就是藉此看出這些傾向、改善自己身在其中的人際關係。而在與人的交往關係中，若能看出自己本質性的「行動原理」，就更能將觀察人的技巧發揮到極致了。

在這第四章中，將要介紹與人相處時的訣竅，也就是如何看待人好的一面與壞的一面。**優缺點之間的差別雖說很小，但之中其實關係到是否承受壓力。**各類型都有各自在本質上「恐懼的事物」，恐懼愈是強烈，愈是會像完全變了一個人般改變行為模式。另一方面，若是處在良好狀態下，就能更加發揮本有的優點，甚至發揮能克服缺點的絕佳才能。是表現出缺點還是優點，其間差異與周遭的人大有關係。也就是說，關鍵在於「引導方法」，這點不論在工作上還是家庭中都是一樣的。

擅長育兒的人，容易引導出孩子的優點；擅長建立組織的人，就擅長人材配置，做出指揮。

但是，若不知道這點，只看到了別人不好的一面，就會爭吵不斷，在職場與家庭中都無法融洽相處。

知道人在什麼地方會感受到壓力後，請試著思考一下與對方的相處方式吧。當然，我不是說要大家勉強與所有遇見的人打交道。每個人所處環境都不一樣，所以也是有不論怎麼做，不合就是不合的時候。

我認為，人際關係中有著緣分與時機這種東西。在日常生活中與人的相會，應該是有著某種意義的，但要怎麼去看出這意義呢？只要以觀察人為依據，也許就會有不一樣的看法。

重新評估好的一面，然後決定是要繼續交往下去嗎？要以怎樣的距離來與對方相處？或是乾脆宣告分手？不論是在思考這些事上，還是了解自己的優點為何上，知曉事物的正反兩面都非常有幫助。

所以，讓我們繼續看下去吧！

## 充斥在公平中的正義感
## ↓「批判」與「強制遵守規則」

剪了頭髮後出門與久未碰面的友人會面。在這種情況下，大家是否有過以下經驗：才一碰面，就被友人說：「啊！好久不見了！**之前的髮型比較適合你耶**」。其他還有像是，對方開朗地說到：「你之前穿的衣服比較好看呢！」像這樣會把話說得過於直白的情況，是經常會在類型①「想把事情做好的人」身上看到的特徵。

若從被說的那個人角度來看，會想成是：「之前的比較好？也就是說現在的不太好……？」但類型①沒有一點惡意或不好的心思，他們只是在展現「想告訴你好東西」「想幫你做得更好」這類改善欲求，只不過是表現出「這是事實」這樣的想法而已。

而且就類型①的人看來，會覺得「表達得很委婉」了。類型①的人是以「直接表現」為武器，所以就喜歡委婉表現或結束得模稜兩可的人看起來會覺得很苛刻。不過他們非常有眼力，能看出好東西。這是他們的基本性質。

那麼要說類型①人處在壓力之下會變成怎樣？那就是會加強把自己的基準當成「正義」的感覺。若人們愈是看起來馬虎，更會強化他們的壓力，甚至會把自己的標準強加在他人身上，並有「沒達標準的人都是壞人」的想法。

他們的怒點也很低，說得更甚些，會有「懲罰人」這樣的概念。很多壓力大的類型①人在眉間都有皺紋，藉此可窺知其經常在生氣。

類型①人的壓力是「周圍的人沒有做好」。

為了不增加壓力，就必須確實做到不讓自己感受到矛盾，但不論多努力都還是會有缺陷，所以或許會有些困難。他們的壓力愈大，警戒心就愈強，也就難以接受他人的意見或他人的關懷。

那麼該怎麼做才好？或許有人會有這樣的疑問。但要減低他們的壓力，首先要遵守他們的「規則」到一定的程度。總之這樣就可以降低他們的警戒心，讓情況變得輕鬆些。

不過若自己也感受到了壓力就難以解決。若持續承受對方的怒氣，自己也會湧現憤怒。面對怒氣時，請絕對不要退縮。此外，不要一一對對方直接的說話方式做出反應，請試著平靜地思考：「是否應該要採納這意見」。就算對方在生氣，也不要把他們的所有話都囫圇吞棗，請試著把它當成一個意見就好。

自己也要擺出公平的態度。這麼一來，類型①的人就會逐漸展露笑容。類型①本來的模樣就是「柔軟又平穩」。

類型①的人很擅長仔細的驗證・檢查。尤其值得一提的是，他們能很快找出「缺陷」，**不會過於信任每天的習慣，而會讓一個一個的作業昇華成「工作」**。

因為有這樣的性質，所以他們有能力將傳統或技藝串連起來，在類型①人製作的藝術中，能看見只有他們能表現得出的創意。

## 深厚的愛與服務精神
## ↓「你沒有我不行」

有人只因為「喜歡」就做出獻身式的行動。只要一想到想幫助那個人就會不辭千里，或是以網路評論的方式做出支持，或是為對方花錢。

擁有這樣強而有力的愛的，就是類型②「想幫忙的人」。

他們會積極投身慈善活動，擴大支持世界上的弱勢族群及孩子們。他們的愛真的很深厚。一般雖以為這類型人以女性居多，但意外地也會看到男性，也有人是將為伴侶或周圍的人盡心盡力當成人生價值的。

那麼這種類型②的人承受壓力時會如何表現呢？

- 一件事還沒結束，就又著手去進行新事物
- 表現出一發現人們的不便，就會出手相助（對人過度照顧）的傾向

若要問為什麼，那是因為類型②的壓力就是「沒有實際感受到被愛」。**感受到壓力、想感受愛時，這類型人就會出現所有欲、占有欲，那將會導致他們過度忙於照顧他人。**

因此有時，這類人的人際關係也會像候鳥一樣，既會突然像舊友一樣緊黏上來，又會因為某些不愉快的言行舉止，將一切當沒發生過般，抹去彼此間的關係。

而且若壓力變大，類型②的人就會像類型⑧「領導型人」那樣，強烈堅持某些意見。

誠如「愛得愈深，愈是恨之入骨」這句話所說，他們會去攻擊對方，或是明顯表現出「沒有我你就什麼都做不到」的言行舉止。

若身邊或自己是這種類型②的人，我建議這類人可以調整「頸部的位置」。

因為若是駝背・肩膀內縮等頸部往前傾時，視野也會有偏狹窄的傾向。

若用比喻來說，脖子可是支撐頭部的重要之處。呼吸・血流等的循環雖也很重要，但若是承受了壓力，很多人的脖子都會往下垂。因此，**養成習慣，讓脖子的位置歸回到正確位置，就容易開展視野。**

此外，在每天的生活中也可以「釐清自己擔負哪些工作」。在壓力下，會有「這個也是、那個也是」的混亂傾向，所以可以製作、使用視覺化的工作表。藉由整理視覺化的資訊，就能整理大腦。

類型②的人能讓人開心、打造和諧，總之是非常溫柔的人。他們容易在不知不覺中因他人的事而忙得不可開交，若能把這分注意力放在自己身上，就會變得無敵了。

他們會為了人們提供出更好的服務、調停人際關係、讓人們展現笑容。讓地球充滿溫暖的愛，這些都是類型②能做到的事。

## 努力的天才
## ↓「總會去評價別人」

每次，我受到在商業交流會上遇見的人之邀，參加「祕密集會」時，與會的所有人都是穿著筆挺的西服，大聲打招呼，臉上的表情也是笑容燦爛。我在那裡常會聽到的一句話是：「凡是我們所信賴的人，工作量會像滾雪球般增加喔」。

滾雪球般這種說法也可以使用在借款以外啊……我在內心邊這樣想，邊覺得，喜歡用這種方式說話，就是能在類型③「達成目的才有價值的人」身上看到的特徵。

類型③人的想法傾向於「是否對自己有助益」＝「信賴」。試著去看一下其他團體，一定會有主張「成為自己伙伴就能獲得這樣的地位」這類文句。至於在網路商業的優惠中，則經常會出現長途旅遊或夏威夷旅行等廣告文案。類型③的人比起結交「志同道合的朋友」，感覺更像是是在結交「高展望或高志向的伙伴」。

類型③的人是不老（抗老）風潮的主要人物，大家都又年輕又美。還以為他們年紀比自己輕，想不到卻比自己大很多！像這種事很常見。

在年輕外表背後，他們除了會每天去健身房，還會努力克制飲食，但這些過程都不太為人所見。他們會公諸於外的，只有在健身房的模樣以及完美體態的照片，而且照片多傾向於是「鏡子前的腹肌」或「鏡子前的劈腿」。

行為得體，面對目標也很節制，會體現出「人就應該這樣」而獲得尊敬，這是類型③的特徵。

這種類型③人的壓力就是「感受不到自己的價值」。

一承受到壓力，他們就會開始對他人要求價值。對方的各項指標、社會性地位、關係的有無等，以「與之交往對自己而言是否有價值」來看人的傾向會更為強烈。

壓力若再更大些，就會強烈主張「自己的時間」。例如在公司加班工作時，這類人會說「都到這時間了還沒簽約」，或是「幫這個忙可以獲得什麼好處嗎？」等。

而且更甚的是，**要是承受了極大的壓力，他們就會被虛無感、喪失感所壓迫，變得做事隨便**。這完全類似於類型⑨「和大家和平共處的人」承受到壓力時的狀態。

針對高壓下類型③要素較強的人，或許周圍的人難以做些什麼去改變他們。壓力愈大，能「進入視野的人」就愈有限，理想標準也會變高，所以很難有心情想去看透自己的本質。要回歸健全的心態，首先，遠離比較與競爭很重要。例如可以試著去做志工，體驗和無利害關係的人互助合作。在放鬆狀態下有益於結交同伴，也可以明白「一樣米養百樣人（包含自己在內）」，只要擺脫不認可真實自我的糾結就好。

只要放下「唯有成為『某個模樣』才有價值」的觀念，就算沒有他人的讚揚，這類型人也會湧現出自信與勇氣，活出自我。擺脫「成為某個模樣」的類型③人會除去特有的作態，成為非常有魅力的人。

## 擁有獨特品味的個性派
## ↓過於追求「他人的關心」

「為什麼那個人總是那麼光彩奪目？」
「為什麼我不是那個人？」
「為什麼我會這樣活著？」
「為什麼自己不能做到像那個人一樣？」

在心中充滿著為什麼・為何的情緒，回過頭來才發現原來是在羨慕別人……為這類纖細感性糾葛不已的，多為類型④「想做自己的人」的特徵。

對類型④的人來說，「嫉妒」是一大關鍵。嫉妒是對自己有很大的期待，以及不想輸的心情，還有因著想獲得某樣東西的強烈欲求所產生出的情緒，所以擁有加倍強大的能量。

他們很會比較，所以也很會觀察人，因此容易抱有「要是自己不特別，就不會被人看到」的不安。

只要觀察一下就會發現，很多有名的藝術家及藝人都屬於類型④。這些人都因為這強大的力量而能從無中生出有來。

他們很重視對方到底有多仔細看著自己？有沒有想到自己？對自己有沒有禮貌。

因此若處在高壓下，若你以為最後說著：「今天真開心！」而高高興興與對方道別了，在回去的路上，就會突然收到對方寄來的短訊：「為什麼那個時候要說○○呢？你不知道那樣很傷人嗎？」

感受到的壓力愈強，他們愈會強烈渴求對方的關心。

類型④的人本來就會把一個人深深地掛在心上，不太會想要與人做膚淺式地交往。或許他們認為，膚淺的關係並非朋友。

他們的壓力愈大，愈會花時間精力在對方身上，有「全都想知道」的想法。若處在一對一的關係中，會比類型②「想幫忙的人」更為對方盡心盡力，而且會要求對方回報同量的愛。

若被更強大的壓力所逼迫，他們就會想拋下一切，去往他方！

若認為自己是這類型的人，請**不要隨便替別人發表感想**。

你們的心情在不知不覺中會變得：「這種事對方一定是這樣想的」，或是「若有心，一般會是這樣的」，習慣於膨脹想像。但大叫著自己很孤獨只是自己的想像，並沒有人否定你，注意到這點很重要。

很多時候，你們不覺得是自己強項的地方其實正是強項，透過訓練，客觀地看待自己，思考事物時就能更具現實性・建設性。

和壓力大的類型④交往時，總之就是不要改變距離。雖然會被他們強烈的言詞所責備，或是暫時斷絕關係，都要不為所動。

對方這樣的心情不會永久持續下去，別輕視對方的傷，但也不要過於靠近、遠離，這樣就能獲得信賴。

這麼一來，類型④本來的優點就會開始閃閃發光。類型④人一旦察覺到自己並不孤獨，就容易獲得藝術性的靈感、超讚的直覺。

湧現不安時，請先壓下周遭人不認可自己的想像。如此一來，就算沒有獲得周遭人的稱讚，類型④人也能展現出自由的自我。能將存在於自己腦中的世界觀應用、表現在現實世界中。

## 追求一切冷靜的知性派
## ↓沉浸於「漠不關心」與「逃避現實」

類型⑤「追求事實的人」可以想成是阿爾伯特・愛因斯坦，或查爾斯・達爾文等這類許多改變歷史的偉人們的共通性格類型。

當然，並非所有人都是研究者。不過他們喜歡追求單一的世界，尤其是「情況尚未明瞭的世界」。

在實際生活中，若有明確具體的指示，他們就會遵照指示完成任務。他們的搜索能力出類拔萃，非常善於調查、比較事物，以及計算出時間。

這種類型⑤的人的壓力是「受到他人的期待」。

**能在類型⑤的人身上看到的傾向是，當「想要他們做好」的期待愈強，他們就愈無法如願做到。**

類型⑤的人的深層心理中有著「自己能做好嗎？」這樣的不安。正因為有那不安，才會想往一個方向前進，確保安心。

因此「想要他們做好」會加深這分不安，為了「逃避」，他們會一頭栽進其他事物中。

這類型人壓力愈大，愈會遠離現實，龜縮進自己的世界中。很多時候，他們都會傾向於向遊戲、網路、閱讀等二次元的世界尋求救贖，也就是前往「非現實（三次元）」＝「二次元」中。

而且壓力愈大，就會像狀態很糟時的類型⑦「興奮進行大冒險的人」那樣，有時會去尋求剎那間的刺激，去接觸各種事物。例如會酒精上癮，或是比起充滿活力，他們更傾向於走在頹廢的路上。

覺得自己是這類型的人，建議可以多活動身體。類型⑤的人有時也會受到恐懼的心理所驅使，擔心若是身體的感覺變靈敏了，是否就會沒了「思考的明快性」，但當然不會有這種事。要找回「現實的感覺」，首重把目光投向現實世界的感覺上，確認自己現今如何活動身體的哪個部分。

與類型⑤的人接觸時，別做出過度的要求，也不要提及有關心情感受的事。只要能遵守這點，就可以問想問的事，而且也可以具體拜託他們希望他們做的事。這時候，就算沒有獲得預期的成果，也不可以責備他們。

也有類型⑤的人很罕見的很體貼，雖也是有這樣的例外，但可以試著對對方的體貼本身表達感謝。

類型⑤的人與其他類型的人比較起來，社交是他們不擅長的部分。因此其他大多數人「一般都是這樣做」的規則並不適用於他們，若硬要套用這規則在他們身上，就會出現前述說過的反效果。

只要改變看法，類型⑤理所當然能做到的事，其他類型的人則是理所當然的做不到。若在公司有討厭的事，一般人多想抱怨個一、兩句，但類型⑤的人卻不會說。

他們在追求事物時不會被情緒牽著鼻子走，他們有著這樣的能力，所以能研發出新藥或是產生出高度的技術，這對我們來說都很有幫助。

## 支援與搶先的高手→「防衛心重」而且「瞧不起人」

類型⑥「模擬型人」會實際表現出「敲打著石橋過橋」，他們會模擬好幾種情況，獲得自己絕對不會失敗的確切證明後才開始行動。

打造今天日本社會的，正是這些類型⑥的人。「打造縝密計畫」「完全做到報告・聯絡・討論」，正是這些類型⑥人的擅長部分。他們會以如何才能安全開展事物這樣的發想來做計畫。

或許說到這兒，大家都會聯想到男性，但其實也有許多女性是類型⑥人。這類型人在人生中會追求「安定」，在選擇伴侶上，比起花俏浮誇，會傾向於更重視對方的工作是否穩定。

這種類型⑥人的壓力是「安全不受保障」。

他們若遭受未來情況不明的不安感所襲擊，壓力變大了起來，希望「有人關注自己」

的感受就會變得強烈起來。

**壓力大的類型⑥人在和人說話時，有搶過會話的主導權，說著自己的事的傾向，或是抱怨自己明明很努力卻未獲好評等情況會變多。**此外，因為想說明自己的狀況，於是話就會愈說愈多。

而若是壓力更大，就會像類型③「達成目的才有價值的人」處在壓力下時的情況一樣，出現強烈的競爭心，有著以立場或身分來決定優劣、以使用對方不知道的專業術語來立於優位的傾向。

這是為了消除沒自信的一種衝動，處在這階段的類型⑥人防衛本能會變得更強，對人懷抱著憂懼不安，介意周遭的目光。

與壓力大的類型⑥人相處時，別推開他們，可以在某種程度上配合他們的步調，讓他們安心。同時也請在可能範圍內聽他們抱怨。

若想說服這類人時，可以具體提出「為什麼須要這樣做？」的根據給他們看。這時候也可以讓他們看看那樣做可以確實降低風險（萬一失敗時可以那樣做）。

若覺得自己是這類型人，請試著留心在進行模擬前先行動。或許你容易覺得自己花了很多時間在他人身上，但只要意識到對方也花了很多時間在自己身上，心情就會產生變化。

建議讓事情在腦中可視化，所以可以在手帳或筆記本上寫出「不安」以做整理。

總之，是否能放下「或許會失敗」的不安是類型⑥的課題。

察覺自己做了過多的模擬、累積實際的體驗、在行動中擁有修正軌道的勇氣，就能發揮類型⑥原本的長處。

類型⑥的人擁有被稱為「保守派」這類人的特徵，但就像有防禦才有攻擊般，因為有了保守派的人，才有許多地方受到保護。類型⑥的人會補強擅長攻擊的人疏忽之處，並為之四處奔走。

## 樂天、自由的人
## ↓「神經質的說教魔」

這類型人不論是在旅行還是在瀏覽商店櫥窗，眼力敏銳的他們只要發現了什麼，就會說著「那是什麼？」並立刻進到商店裡。

他們不會仔細觀看，而是立刻又走出商店，口中說著「真好——」「好像不太一樣——」然後迅速前往下個地方。不論是做決定還是要確認某項決定，他們都不是很擅長。如果可以，他們會有衝動，想要擺脫已做好的決定，像野狗打招呼一樣，東走走，西逛逛。他們不習慣已經決定好行程的旅行，相反的，卻很擅長安排決定事項。這就是類型⑦「興奮進行大冒險的人」的特徵。

他們會想著「那是什麼?想試試看！」而立刻做出具體的行動，但無奈，他們的性格易熱也易冷，很快就會膩了。為了不讓自己覺得膩，他們會把心念轉移到各式興趣上，最後，類型⑦的人就會成為「知曉多方面知識」的人。

這種類型⑦人的壓力就是「看到消極面」。若讓他們思考到未來消極的一面，或是讓他們感受到不得不去做的壓力，將會增加他們的壓力。而他們的壓力愈大，就會變得更有活動力（逃避性的）、更神經質。

他們大腦的運轉‧行動太快（控制不了），有時會對跟不上自己步調的人感到不耐煩，責怪反應慢的人。他們本來很擅長客觀看待事物，但若壓力愈大，情緒化的一面就愈突出。

而且，他們的壓力一旦增強，**就會超出自我界限的出手干涉所有事，且一個人承擔**。這時候，他們的狀態就像類型①「想把事情做好的人」處在壓力時一樣，對自己和其他人強加克己禁慾的規則，批判所有事物。

更甚的是會成為「說教魔」，詳細指責對方的錯處，性急且冷淡，沒了原本的爽朗。感覺到自己有這種傾向的人，**可以先暫停下來深呼吸**。不要催促人做出反應，在做出反射性行動前，重要的是保持冷靜。請想起自己不需要訂定規則。

讓大腦的轉動減速，一一領略、感受出現的景象與情緒。我建議可以使用冥想的方法。閉上眼，深呼吸，認識到在腦中奔馳閃過的影像、情緒、話語「原來是這樣」，然後請迅速放下。感受到又開始隨意妄想時，別想著「不可以想！」而是承認「啊~我正在想這個啊～」然後依舊迅速放下。冥想時間以十五分鐘為佳，能做三十分左右最理想。

類型⑦的人做什麼事雖都容易膩，但這種容易膩的個性在身心健全的時刻，反而也有好作用。正因為容易膩，所以擅長將原有的東西調整做出新型態。

他們所處的位置是在傳統中吹進一絲新氣息的創作者，能給予舊有事物新的價值。

他們只需要踏踏實實地努力就好。只要穩定心情，別急著得出結果，就能成為博識又有深度的人，將新的資訊情報發送給世人。

## 開朗大師↓大聲吠叫、暗中活動的「暴君」

類型⑧「領導型人」會笑著提出新點子：「我想到了一個好點子」。為了這個「我想到了一個好點子」，周遭的人每次都要四處奔走、行動，但他本人卻不將這些事放在心上。從這樣的自我感覺良好與頑固不退讓中可以看出類型⑧人的魅力性、想走在自己的路上，但其實他們很容易受到周遭影響。

人們很容易知道他們最近和什麼樣的人碰過面？受到了什麼樣的影響？心裡才想著「這不錯！」就會想馬上採用。而且一想到「現在！」就是立刻要做。

這類型人擔任領導者的組織中，系統體制追不上他的想法。他的發言常大轉彎，最後使得周遭人的辛苦都徒勞。說的話變來變去，本人卻沒有自覺「說得不一樣」，就討厭矛盾的類型①「想把事情做好的人」看來，會降低對他們的信任感（但是，他們本人卻一無所覺）。總之，類型⑧人就是精力充沛。

這些類型⑧人的壓力就是，「覺得（即便是在無意識中）自己可能是無能的」。**感覺好像會「輸」的時候，壓力愈大，就會開始表露出本質部分的「怯懦」，變得具攻擊性、不開朗。**會一直攻擊敵人到對方消失，或是奪走他人的容身之處。

若壓力大到極限，就完全會像類型⑤「追求事實的人」那樣，拉開與人、社會間的距離，完全沉迷進一件事物中。若有怨恨的對象，他們就會去思考報復那個人的方法，或是去調查對方的動向。會花費很多時間在想著要進行報仇。

為了不變成這樣，若覺得「自己或許是類型⑧」的人，請自覺到自己正在把別人拖下水。向那些人賠罪、道謝、不要輕視別人的努力很重要。有時，也有類型⑧的人是「不懂他人情緒」的，但這也是壓力高漲時會出現的一個反應，是「把人當自己的馬來驅使般的狀態顯現。

類型⑧人代表性的姿勢之一是「袖手旁觀（用手招呼人過來）」。

這是守護自己、讓自己放心的無意識行動。

只要能放下不確定人們是否信賴自己的恐懼，心情安定下來，就能取回類型⑧的閃耀光芒。

與壓力大的類型⑧人相處時，請別想著要贏。因為那會更強化對方的攻擊性。

只不過，也不需要迎合地百依百順。請不要屈從於對方高壓的態度，要採取堅決的態度，若碰到太過分的情況時，向第三方公共機關諮詢會是個有效的應對法。

或許很多人會想到，日本戰國武將中似乎也有很多類型⑧的人，大致來說，統率國家、拚個你死我活的人都有這種氣質。

他們屬於「當下思考」型，所以不會拘泥於此前的做法，有挑戰新事物的瞬間爆發力。有時，他們會瞬間浮現坐在書桌前想破頭也想不出來的創意，狀態好的類型⑧會引領組織，周遭的人也會被他柔軟的發想給感化，讓人看見新世界。他們將該分熱情與各項事物推廣於世的力量，能成為照亮人們的力量。

## 不傷人的和平主義者↓沒耐性又性情不定的「懶人」

有一種人會給人悠閒的感覺，應答也很平穩。一問他們：「你覺得哪個比較好？」幾乎都會回答：「都好。」即便縮小範圍到二選一地去問他們：「那麼這個跟那個要選哪個？」他們仍會回答：「真的哪個都好喔。」

……這是類型⑨「和大家和平共處的人」常見的特徵。

若比較有主見的人來看，或許會覺得煩躁。

那麼要說類型⑨的人沒有意志，卻又絕非這麼回事，他們只不過無法在限定時間內統整好思緒。

此外，類型⑨人比起展現出自己，本來就比較重視周圍人的心情。

這樣的因素就導致他們常會出現「都好」的回答。

這些類型⑨人的壓力就是「不協調」。

除了討厭衝突，對方對自己抱持敵意，或是被強行要求做某件事而打壞了自己的步調時也會成為他們的壓力。

**壓力愈大，就愈會展現出對各種事情的不耐煩。**

同時，類型⑨人雖會變得性急而在心情上想遠離人群，但很快又會回復原狀，所以或許會顯得像無頭蒼蠅。此外，他們也會從無意識中湧現「或許事情進展會不順利」的不安與恐懼，所以會變得想睡或慵懶而停止思考。

若壓力再更進一步，就會變得像失神般，活在和平的妄想中，在現實生活中停止活動。

若身邊有類型⑨的人，或許常會感到不好意思：「好像總是由我做決定……」覺得似乎都是以自己的心情為優先，因為類型⑨的人總是讓自己來做決定。

可是和類型⑨的人關係親近時，他們反而容易想像自己意見難以堅持下去的景象，所以或許會覺得，以自己與人相處的方式是難以改變對方的。

總之不要讓類型⑨人急著做出回答，不要硬推給他們強烈的自我主張或感受。請理解無法給出明確回答及意見是他們的特徵，並且不要介意。「沒有答案」正是對現狀最好的回答。

另一方面，若認為自己是類型⑨的人，要注意自己會逃避問題以及避開和人的談話。這類人傾向於在無意中避開打開天窗說亮話，並模糊化所有事物。你們需要勇氣來正視自己的情緒與心情。只要相信「就算說出自己心裡話，現場的氣氛也不會改變」，狀況就會改變。

為了能貫徹自己的心意，你們可以主動去尋找「真正想要的東西」，而非「這樣就好」。認識到「就算生氣也沒關係」也很重要。

就身體上來說，很建議這類人活動手指、腳趾（打開、縮起來等），刺激末端，以實際體驗到「大腦與身體」是有所聯繫著的。

「與自我相連結」正是類型⑨要走的光輝大道。透過不放棄探尋自我，就能抵達「真正的和平」。

## Chapter 5

# 試著把人分群！

# 感性待人以及沒有幹勁的人

那麼在這第五章中，我們來看一下「將各類型分群」。

在第四章中，我們看過了各類型的優點以及承受壓力時的不同表現，但每個人都有各自偏好的做事方法。因此，就算採取完全一樣的行動，感受的方式也會完全不同。在不知道對方偏好、不喜歡的做事方法下，若以自己偏好的做事方式與人接觸，就容易引起衝突。

在此，我以常會碰到的許多問題事例為基礎，介紹一下接觸方法的規則。

首先是關於「情感」的話題。

有喜歡看心情做事的人，也有不喜歡情緒化的人。

偏好方的代表就是類型②「想幫忙的人」，以及類型⑧「領導型人」。

前者完全就是重視心靈與心靈交流的類型，後者也有「想和親近的人說心裡話」的想法，所以多傾向於會做出情緒性的發言。

因此若自己很煩躁，但對方卻看起來很冷漠時，就會更增添煩躁。

在少年漫畫中經常有「拳頭相擊」的表現。類型⑧人所追求的，完全就是那樣的碰撞，他們也喜歡「打開天窗說亮話」的表現。在這意義上，重視情感的程度有更重的傾向。

另一方面，也有人對這樣的心情感到沉重，那就是類型⑦「興奮進行大冒險的人」，以及類型⑨「和大家和平共處的人」。愈是感受到沉重，他們愈會冷漠以對、幹勁低落。

這兩者都是樂觀主義型，基本上的傾向是認為：「一切都沒問題，總會有辦法的」，因此喜歡「有趣」「開心」等正面積極的想法，但另一方面則是拿負面消極的情緒沒輒。所以，**若是對這類型人發怒、想讓他們聽話，或是訴諸情感的哭著哀求他們，都會收到反效果。**

以簡單的例子來說，在考試前，以下對孩子說話的方式絕對是NG的：「你要玩到什麼時候？再不讀書，就會變得像爸爸那樣的大人囉！」本來孩子就已經不想讀書了，再加上隨便拿父親與他比較，這會讓他覺得簡直像是在詛咒自己的未來。

雖然這若是放在重視危機意識的類型⑥「模擬型人」身上時，他們會覺得「那樣好恐怖！得趕快去做！」但這方法對類型⑦與類型⑨的人來說卻行不通。

「啥～～真讓人提不起勁啊……」「為什麼要說這種話……」。面對不得不做的事，他們或許會垂下眼別過頭，或是想出門玩，或是一頭栽進遊戲中，或是突然買回整套漫畫來看。

他們會覺得，別人的欲求是種沉重的負擔。因為有這種傾向，對自己身負期待一事就很吃不消。

要引出類型⑦與⑨的人的幹勁，正面積極的支持很有效。**比起直接稱讚他們「好棒喔」，使用第三者立場的方式來稱讚他們，像是「〇〇先生稱讚你做的△△事很棒喔～」會使他們更開心、增加幹勁。**

比起「一定要去做！」對他們說「真想要變成那樣呢！」比較會成為讓他們積極去做的力量。

## 被說「要這樣做」才比較會去行動的人、不接受且反抗的人

「照父母說得去做比較好。」「若碰上必須自己做判斷時，會覺得『為什麼不幫我做決定？』」

大家聽到這些話時會有什麼感覺呢？

世界上有兩組人，分別是凡事都「想要自己決定」的一組人，以及認為「最好有人幫自己做好決定」的一組人。

會有開頭那種想法的，是認為「最好由別人幫自己決定」的人，這種特徵尤其可在類型①「想把事情做好的人」，與類型⑥「模擬型人」身上看到。

這兩種性格型的基本是「回應他人期待」。

因此，若接受到他人的指示，或是有引導自己的人，又或是有「這是正確答案」的基準，他們比較會擁有熱情。

類型①的人很多時候的表現都是很明確性的（像是「應該～」等），或許乍看之下自我意見很強烈，可是那只是在追究關於「正確答案」的不合邏輯之處，並非是斷然堅持自己的意見。

另一方面，類型⑥是重視「安心感」的類型。大家一起齊心協力會比較安心，所以若有個標準會比較輕鬆。

類型①與類型⑥的不同之處在於，例如若是在跑馬拉松，發現「只有自己一個人先跑在了前頭」時，會因為「身邊都沒人，感到很不安，不斷回頭望」的是類型⑥；另一方面，會想著「好像跟大家跑不同路了，沒問題嗎？」的是類型①。

兩種類型的人都能在秩序中生存。

另一方面，也有類型是若被人說了「要這樣做！」就會心生反抗，覺得：「什麼？為什麼非得照你說的做？我根本完全不想做。」

尤其會表現出負面消極反應的，就是類型④「想做自己的人」、類型⑧「領導型人」。

**若對這兩種類型的人做出「要這麼做」的指示，他們會感覺自己的尊嚴被踐踏了。**

類型④很重視「做自己」。傾向於靠自己去追求符合自己需求的和平，所以若有人告訴他「要這麼做」，就會覺得對方隨便就給了自己在拚命尋找的和平。至少在最低限度內，他們傾向於希望對方能問他們「你想怎麼做呢？」然後才接受指示。

另一方面，類型⑧是自立更生的人，所以無法理解為何他人要控制自己前進的道路。因此當對方說出「要這樣做」，他們就會毅然決然地排斥一切。

有想前進的道路時、有希望他們前進的方向時，只要想一下這類型人的不同之處，就能極力避免因「說錯話」而引發衝突。

## 有意識騎到人家頭上去的人、無意識騎到人家頭上去的人

有句話叫「騎到人頭上」。這本來是動物（像是猴子）騎跨在其他個體身上，彰顯「自己地位比較高」的一種行動，但人類的彰顯方式則會因不同類型而有各式各樣。首先，有三種類型會做出明顯「騎到他人頭上」的行為。

那就是類型③「達成目的才有價值的人」、類型⑦「興奮進行大冒險的人」，以及類型⑧「領導型人」。這三種類型「自己想做的事」很明確，所以在那方面，也很容易看出「騎在他人頭上」的表現。

首先，類型③會因為「身分條件或社會地位」而表現出騎在他人頭上的行為。他們會彰顯居住的地方、高級進口車、最高級的名牌包或手錶、信用卡等，或是展現出時尚裝扮、物品、生活樣貌、自己的實際功績及人脈等。

類型⑦所表現出的騎在他人頭上模樣，則是「我很懂的感覺」。他們能很快理解所有事，所以容易出現「我懂那個」的感覺，想透過讓人看到自己是「很懂的人」，確保自己的所處位置。若是壓力大的人，也有人會做出「不懂為什麼不能做快點」的言行舉止。

類型⑧的人比起只用某種行動騎在他人頭上，各種言行舉止都是他們騎在他人頭上的要素。

不過他們會傾向於具體說出關於錢的事，像是「我用五億現金買了房子喔」，或是述說自己的當年勇。

這三種類型是有意識的騎在他人頭上，所以比較容易看出。

那麼若要說其他類型的人是否就這樣一直被他們騎在頭上呢？其實也不是，我們也能看到有許多人是在「無意識中騎在他人頭上」的。本人雖然沒有展現自我的自覺，但卻會注意「與人之間的排列順序」，做出相應的言行舉止。

**我們尤其可在類型①「想把事情做好的人」、類型②「想幫忙的人」、類型⑥「模擬型人」身上看到無意識騎到他人頭上的情況。**

這三種類型的共通處在於辛勤勞動，是努力家。若他們的身心健康就沒任何問題，但若是狀況不佳，這種努力型性格就會成為災難，啟動「無意識騎在他人頭上」的行為。

類型①人若感覺他人「敷衍了事」的情況增加了、「自己非得做完全部事情才算做好」，就會獨自一人承擔各種事情（工作或家事等）。或許他們會強烈認為「自己做還比較快，也做得比較好」，有時甚至會覺得「要是全世界的人都像自己一樣就好」，會出現像這樣「絕不把事情交給他人」的傾向。

另一方面，類型②人的情況若用譬喻來說就是「眾人的母親」。若身上的這種性質過多，就會認為「沒有自己，對方什麼都做不到」，主動在各方面照顧、幫助他人。不過這樣的行動也有讓對方依賴自己的一面，所以容易入侵到他人的領域內。若做得太過，就會引發像是「婆媳大戰」的情況。

類型⑥人很擅長搶占先機，若處於低潮，就容易陷入「自己都特地幫對方做了」的感覺中。此外，也會將工作場所、以前所屬團隊或地域等「所屬組織」當成盾牌來區分優劣。例如出身地區、父母的職業、就讀的高中或大學、社團活動、入公司的年資、現在住在哪裡等，確認對方的身分地位，若認為自己身處上位，就會擺出妄自尊大的態度。

由此，全九種類型中已經出現了有六個會騎到他人頭上的族群。或許有人會覺得這些人就像是世界上居住在山上的山岳部族集團，但其實只要把這理解成是他們為了守護自我心靈平衡的機制就好。

之所以會有過度的表現，是因為有時該人處在不得不有過度表現的環境中，是努力的反面。這麼一想，就不會一一出現批判性的反應，或許就能輕輕放過（容許）了。

## 擅於提出自我意見的三種類型，以及不會被其帶節奏的方法

既有說著「要做〇〇！」「討厭！不想做那件事」能主張自己意見的人，也有害怕提出自我意見的人。九種類型中，擅長提出自我意見的是類型③「達成目的才有價值的人」、類型⑦「興奮進行大冒險的人」，以及類型⑧「領導型人」。

類型③人的特徵是，有時會一改其給人戲謔的印象，進行戰略性的談話。例如即便是群組信，也會聽聞周遭意見進行統整，但其實卻會設定方便自己做事的選項。

他們對「達成」有執念，就算請託之事被人拒絕了，也不會輕易罷手。不過這時候，他們大多不會做出情緒性的發言，就算受不了對方，也能心平氣和地說服對方，這就是類型③厲害之處。

此外，他們在說服別人時會提出相關的好處，所以相反的，若能確實確認缺點部分，應該會讓人更容易認同。覺得自己說話的節奏被奪走的人，或許可以一邊記筆記一邊聽他

們說話。

類型⑦很擅長於直爽地確保自己的私人空間。不論是和很多人在一起，還是如荒野一匹狼般離群索居，他們都很擅長找到能讓自己安心的空間。

具活動力的類型⑦會把自己推薦的事物一股腦兒地跟別人說，但最後卻會加上一句「雖然我不是很清楚」。所以大家可以不用跟著他們的節奏及速度感走。

類型⑧要周圍有人在時才會發揮能力，因為他們想展示自己的力量、熱情傾訴自己的想法，將別人染上自己的色彩。

不過，類型⑧的人不會信任諂媚、巴結自己的人。他們傾向於認為要坦白以對、貫徹自己意見才是理想的。雖會讓人感受到壓迫感，但重要的是態度要堂堂正正，不要表現出怯懦膽小的模樣就能與他們順利交往。

以上三種類型很擅於提出自我意見，也就是所謂「捲入力」很強，與自己本意不一樣時，請小心不要被他們帶偏了。

## 看透「一般不都是這樣嗎？」的「一般」！

「一般來說啊……」，我們在日常中常會聽到「一般」這個詞。

可是其實「一般」的含意依人而定，使用「一般」來意指什麼，每人都各不相同。只要知道了其中的規則，就能理解對方到底在說什麼，有效避免不必要的爭端。

很常使用「一般」這個詞的就是類型①「想把事情做好的人」、類型④「想做自己的人」，以及類型⑥「模擬型人」。我們來一一看一下吧。

類型①的人所謂「一般不都是這樣的嗎？」翻譯過來就是「這樣好奇怪喔」。類型①傾向於把所有事都善惡兩分，指出偏離了自己認為的「善」的行動時，就會使用「一般」。他們說出這個詞時，只要有條不紊地表示出自己為什麼那樣做的根據，或許就能避免爭執。

此外，類型⑥人所說的「一般來說啊」，指的是「你的步調和大家不一致喔。越界了！」想提出自我意見時，用「不會威脅到你的安全」就可以說服他們。

另一方面，「一般」的意思最不一般的，就是類型④人所說的「一般」。類型④人換句話說，本就是「不想做得一般的人」。明明是這樣，他們又為什麼會對人說出「一般」這個詞呢？

類型④說「一般」的時候，是在周遭人沒察覺到他們「在自己內心中所養成的自我印象」時，很多時候都是因為他們覺得自己的存在被輕視了。

也就是說，裡頭含有「（這樣做對我很無禮）這樣很失禮啊！」重要的是確實看透對方想要些什麼，以及有膽量在面對類型④做出強烈表現時表現得處變不驚。

就像這樣，不要只抓住對方的話柄，生氣的質問「『一般』是什麼？」只要能理解對方意圖，就能輕易知道對方所求的是什麼。

只要我方能有這樣的立場態度，對方也會緩和他們所擁有的正義，變得容易讓步。

# 飲食、睡眠、依賴……不滿化爲「欲望」而出的類型

我很歡迎大家帶著孩子一起來上我的課。與孩子們的相處方式也會確實表現出各種類型的不同，既有孩子是安靜地一聲不吭自己一個人玩，也有睡過整堂課的孩子，還有回應我說的話，加入對話的孩子。

基本上，孩子的類型沒有特定，但最有類型⑧「領導型人」感覺的孩子會強烈表現出「肚子餓了」，這不禁令我失笑。有孩子會站在我面前大口吃飯團，或是黏著媽媽大叫「我餓了！」「要吃飯！」或是敲打、踢我桌子，用聲音來吸引人注意。

這樣的性格很多時候在長大成人後也不會改變，類型⑧人一旦空腹就會因能量不足而湧現出怒氣、陷入思考停滯的階段。這類型的人可以經常隨身攜帶小零食，以避免感受到飢餓。

像這樣，在飲食、睡眠等欲求上，各類型人會顯現出其各自的性格。

類型⑨「和大家和平共處的人」等會在想睡時忽視問題，期望回復精神。他們雖會表現出想離開那個現場，但也很擅長在表面上與人交際來往。只不過，他們表面上雖仍與人有來有往，但「裡面的人」卻睡著了，其實什麼也沒聽到。

對方進入這種模式時，把他們拉回到現實的方法有三不五時呼喚他們的名字、問他們問題等。他們保護自我的機制與身體欲求是一個套組。

此外，類型⑥「模擬型人」傾向於，若沒人投餵他們飲食、酒類、香菸等，就會把自己的欲求不滿發洩到其他事物上。若能察覺自己對哪些事物上癮，縮短沉迷其中的時間，就有助提升自己的等級層次。

類型⑦「興奮進行大冒險的人」有揮霍金錢購物的傾向。這時雖然他們會想著「不要錯過好機會！」但這只是其中一種逃避行為，若能記住要忍耐當下自我滿足的行為，並培育等待力，類型⑦的人就會安定下來。

# 被說「是爲你好」就不高興的人、開心的人

有種說法是：「我是為你好」。

這句話是發自於「這樣做對方才會幸福」的想法，但既有喜歡這種表現的人，也有不喜歡的人。

喜歡的人是類型①「想把事情做好的人」、類型②「想幫忙的人」，以及類型⑥「模擬型人」。

**這些類型全都重視擁有具體的標準，所以自己也是「想被人說」這些話的人。**愈常對人說這些話、壓力愈大的人，對不照著自己說的去做的人愈會感到不耐煩。

另一方面，對此會強烈反抗的有類型④「想做自己的人」、類型⑦「興奮進行大冒險的人」，以及類型⑨「和大家和平共處的人」。

這些類型的人都很怕被控制，若認為別人「強加」了「都是為你好」這種想法在自己身上時，就會出現過度的反抗。

若是類型④，或許會又哭又叫；若是類型⑦，可能會突然窩在房間裡，一頭栽進某些事物中，或是會跑出去玩；若是類型⑨，會沉默地全無反應。

若加強對這類型人的看管、規則，只會加大他們的反抗力度，最後加深彼此間的鴻溝。

首先，我們要透過確認雙方的意思、知曉彼此的行動原理，然後才訂下標準。本來，所有類型的人只要在狀況好的時候，都能在某種程度上配合對方的。

## 對粗神經的說話方式感到火大！「粗神經的說話方式」是什麼？

日常生活中，我們常會看到有人「因為對方的粗神經而生氣」。另一方面，也有人看到他人因為自己的發言而生氣時說對方「開不起玩笑」。

其中的差異還是起因於各不同類型間的機制不同。

類型⑧「領導型人」與類型⑦「興奮進行大冒險的人」是機智且喜歡說話的人，他們除了重視幽默，也認為那是一種「智慧」。尤其是類型⑧的人會把「毒舌」當調味料，享受帶有玩樂性質的對話。不過有時他們會做得太過，所以表達方式就真的變得很壞心眼。

另一方面，會對這種人生氣的是類型②「想幫忙的人」。因為他們認為所謂「愛的表現」就是貼近對方，不要說些反對意見或毒舌，所以多會覺得粗糙幽默的說話方式是「粗神經」。

那麼，類型②人是否就不會毒舌呢？倒也不是這麼一回事。

若是壓力變大，有時為了守護自己，他們也會選用「都是你害得我不順利」這種意思的表現方式，對幽默組的人生氣地感到「太失禮了」，加深對立。

話說回來，對類型⑧的人來說，溫柔本就是「不會在關鍵時刻輕易地置之不理」。另一方面，對類型②的人來說則是「不否定」。只要察覺到這些言行舉止出自於不同的標準，並改變看待的方式，就能理解對方不是存心要傷害自己的。

## 理解了「想要之物」的不同，就能解決問題

人有各自不同的需求，像是「想這樣表現自我」，或是「希望別人這樣理解自己」。

若對這需求有分歧而引爆衝突，就會產生摩擦。這時候若投身於情緒中，狀況只會更糟。

一旦狀況變糟，嚴重時甚至會演變成斷絕關係。

深處漩渦中雖難以發現解決的頭緒，但解開誤解環扣的關鍵就在「想要的東西」中。

此前我們分散地看過了各種類型，但在此，我們試著重新整理一下各類型的基本欲求。

類型① 消除矛盾、有判斷力

類型② 自己是有愛、體諒人的

類型③ 有價值、傑出

類型④ 獨特、氣質出眾

類型⑤　果斷、能看見事物整體
類型⑥　慎重、安全
類型⑦　沒有痛苦、喜悅
類型⑧　獨立、強大
類型⑨　自然、和平

人各自以這些為基準在生活。與人的接觸方式、接受其他人話語的方法，也是以這些為基準而生出。

有時在人際關係上不甚順利，而這些不順利一直持續著時，建議可以重新確認自己與對方想要的是些什麼。

若只有自己在索求想要的東西，對方心情會不好也是裡所應當的。此外，若一直在聽對方說想要些什麼，會累積壓力也很正常。

不過就我目前為止的經驗來看，我感受到的是，隨著加深「對對方的理解」，對方也會變得能尊重我們。很不可思議的是，彼此自然會相互讓步，關係也會變得輕鬆愉快。

如果團體內，像是在家庭中出現風波時，可以先試著統整一下參戰者的意見。

若是情緒性的人帶著立場參與爭端時，或許可以試著寫出自己的意見。**發生問題時，雖大致上都會認為是對方的問題，但只要整理好情況，並看出各自的「意圖」，就容易找出妥協點。**

這時候，需要將自己能做到的事，以及對方能做到的事區分開來思考。若用「好・壞」來思考，就難以擺脫摩擦，但若注意到對方想要的東西，並試著找出自己能做的事，就能快速解決事情，或甚至不容易被捲入到問題中。

理解後再行動。這道理雖非常簡單，但我認為，這卻是透過觀察人最受惠的部分。

## 親身實證派？心情激動派？收集資訊派？找出幹勁開關的方法

有時主管階級，或是正在育兒的人會向我提問：「如何提升幹勁？」

此時，我雖會在腦中閃過日本補習班的廣告：「幹勁開關！你的幹勁開關在哪裡呢～」

但就像這首歌歌詞所說，每個類型的幹勁開關都不一樣。

幹勁開關說得更具體些就是「開始進行事情時，以什麼為起點動起來」。

在性格分析的世界中，有三個範疇是使人們產生行動的要素，分別是「本能」「情感」「思考」。

「本能」是五感的感覺，首先試著用身體去感覺，此時就會以身體的感覺來決定事物的性質是「愉快・不愉快」。

「情感」是心的感覺，性質上尤其以「靈光一閃」為基礎來決定事項。

「思考」的性質是經過像「做了這個之後會獲得什麼？」這樣對未來的想像或收集資訊後來決定事情。

每人都各自擁有這三種要素，但「主要以什麼為軸心來做決定」，實際上則會依類型而有不同。

**以「本能」為軸心的人（類型①・類型⑧・類型⑨）**

對這組人來說，最重要的是「先去體驗！」他們會試著先去感受一下當下的氣氛，或是實際試著去體驗，才會決定要不要去做。這一組是「詳細的情況之後再去了解就ＯＫ」。

**以「情感」為出發點的人（類型②・類型③・類型④）**

對這組人來說，最重要的是「靈光一閃」。老師漂不漂亮？帥不帥？現場環境時不時尚？制訂事項的人給人印象如何等，會依照印象來決定做不做。

## 以「思考」為出發點的人（類型⑤・類型⑥・類型⑦）

對這組人來說，資訊是必要的。地點在哪裡？與哪些人有關？持續做這件事到最後會得到些什麼？這類型人會問過這些資訊後，再判斷是不是要去做，至於情感則是最後才去體會的。

這麼看下來，或許有人會覺得「奇怪？這類型是這組的？」尤其是屬於本能組的類型⑨「和大家和平共處的人」。或許屬於情感組的類型③「達成目的才有價值的人」，和屬於思考組的類型⑦「興奮進行大冒險的人」和大家印象中所想會有些不一樣。

類型⑨的人給人印象很好、很沉穩，但另一方面，碰上壓力大時，則會出現頑固、怠惰的一面。這種性格的基本其實是「本能（體驗）」。他們有著不希望任何人侵犯自己世界的不安，與自己合不合是依體驗來仔細玩味。不過他們的反應速度比類型①與類型⑧的人要來得慢一些，就算問他們意見，回答也多是「都好喔」，所以這時候把決定交給擅長做決定的人來做就好。

此外，類型③的人重視優缺點，乍看之下是很像以「思考」來行動，但這只是一開始的印象。「好帥」「好漂亮」這種瞬間的心動才是幹勁的原動力。

還有類型⑦看起來是「一想到就立刻行動」，其實是思考型。看起來是所有事都靠情感決定，實際上大腦卻會飛速的運轉，想像「做了這件事後會開心嗎？（會不會出現什麼討厭的情況？）」這類終點，然後做出判斷。

只要掌握住這些人的幹勁開關，在擬定計畫、進行新活動的邀約時，都能有所幫助。

我們可以改變誘導的方式，像是對「本能」組的人說說如給他們做模擬體驗般的經驗談、讓「情感」組的人看圖像照片、向「思考」組的人說明許多資訊等。

# Chapter 6

# 知道自己個性的方法

## 兩個問題找出類型

那麼，終於來到了最後一章。

對於別人的事，我們很容易以「啊！就是這樣！」的方式來理解，但要理解自己卻是最難的。

之所以這麼說，是因為若無法確實以此前說明過的個性、行動原理為根據，甚至在某程度上自己的狀態並不好，就無法做出客觀的診斷。

因為有這些前提，在此就要介紹給各位極為簡單的自我診斷測試。請試著回答兩個問題，然後組合起來，作為探尋自我個性的提示。

重點在於，不要在有煩惱或發生問題時做，要以輕鬆的心情來做。

煩惱著「是這個嗎？還是那個呢？」時，請看看兩方的模式。因為會有兩種類型的傾向，所以或許也有受到雙親的影響。此外，就像之前說明過的，在承受壓力的狀況下，有時人們也會採取像是另一種類型人的行動。

比較一下「現在會怎麼做」「以前會怎麼做」也是一個提示。

以此為根據，請再讀一次各類型的說明，就能從不一樣的角度來了解自己。

第1問

回到家中，和家人一起吃蛋糕時，其中只有一塊蛋糕是自己最喜歡吃的，你會怎麼做（有何感受）？

1 「我就是想吃這個，太好了！」

2 「大家要選什麼呢？如果大家都無所謂，那我可以吃這塊嗎？」

3 「吃哪塊都可以。」

## 第2問

### 做出了大大失敗的事！這時候的心情如何？

**A** 梳理好情況，以確實將這次的失敗經驗活用在下次事情上。

**B** 搞砸了！雖然有經過深思熟慮，但這也沒辦法。算了。

**C** 一直惦記著，悶悶不樂。

# 結果

- 1+A 類型③「達成目的才有價值的人」 ⬇ 77頁
- 1+B 類型⑦「興奮進行大冒險的人」 ⬇ 81頁
- 1+C 類型⑧「領導型人」 ⬇ 82頁
- 2+A 類型①「想把事情做好的人」 ⬇ 75頁
- 2+B 類型②「想幫忙的人」 ⬇ 76頁
- 2+C 類型⑥「模擬型人」 ⬇ 80頁
- 3+A 類型⑤「追求事實的人」 ⬇ 79頁
- 3+B 類型⑨「和大家和平共處的人」 ⬇ 83頁
- 3+C 類型④「想做自己的人」 ⬇ 78頁

## 診斷結果換成「結語」

大家看完本書後覺得如何呢？

或許有人會想：「不對，我應該不是這種類型的！」而想重做測驗。

就算這樣，也完全沒問題。

雖然做了測驗，但本書的基本態度是「自我診斷是不可行的」。

比起自己東想西想做診斷，與家人或親近的人說說話，或是透過觀察人進而察覺到自己的類型，會比較容易得到答案。

「或許自己是這類型的？」將這種心情當成提示，請試著去找尋自己的行動原理。

最重要的不是套用「他人或自己的類型就是這個！」而是在分類之前，客觀掌握住「自己的當下」。

性格不會展現出那個人的一切。「性格」絕不＝「自己的一切」。

性格是一種機制。每天的行動是依據性格這個機制所做出的，類似「要是按下這個按鈕會有這種反應」的條件反射。

會依據成長的環境、現在和誰在一起、在所處環境中所遭受到的壓力、身心狀態而改變表現形式。雖然基礎是固定的，但會依照狀況而出現不同的一面。因此即便是相同類型，大家也不會看起來都一樣。

透過觀察人的方式，靠自己去察覺自己是處在什麼樣的狀態中？平常都和什麼樣的人接觸？為什麼相處方式會是那樣的？才是最重要的。這麼一來就能發現「不斷重複體驗到的情緒」，以及「總是不經意做出的行動」。

這樣的情緒與行動，並非因周遭人所起，而是自己本身所做出的，能察覺到這點的人，一定能踏上人生的下個階段，看到人生中真正的收穫。

觀察人本就是「為了能喜歡人的方法」。

不是為了自己的利益而推敲戰略、控制人，也不是因為「很討厭這種人！」而想拉開距離，若大家能從本書中多少感受到對方現今的模樣不是他的全部，我將感到非常的高興。

只要意識到「一樣米養百樣人」，就能覺得「保持自己原本的模樣就好」。在深入觀察人時，既不會再顧影自憐，也不會再對周遭抱有攻擊性。

碰到和以前相同狀況時，接受的方式也會不一樣。只要改變了自己接受的方式與態度，周遭的人也會願意親近自己。

心靈就能遊刃有餘、能改善人際關係、也能緩和身體的緊張，獲得健康！人生將會變得更自由，在每天的忙碌中也會增加能體驗到幸福的瞬間。

我打心底為大家超讚的觀察人生活加油！

真心感謝大家能閱讀到此。

倉橋 真矢子

Note

國家圖書館出版品預行編目（CIP）資料

人類使用指南：徹底觀察人心與行動，遠離人際壓力／
倉橋真矢子作；楊鈺儀譯. -- 初版. -- 新北市：
世茂出版有限公司，2022.1
面；　公分. --（心靈叢書；2）
譯自：人間観察極めたら悩み消えた
ISBN 978-986-5408-71-8（平裝）

1.性格　2.人格心理學　3.行為心理學

173.7　　　110017252

心靈叢書 2

# 人類使用指南：徹底觀察人心與行動，遠離人際壓力

作　　者／倉橋真矢子
譯　　者／楊鈺儀
總　　編／簡玉芬
責任編輯／陳怡君
封面設計／林芷伊
出 版 者／世茂出版有限公司
地　　址／（231）新北市新店區民生路 19 號 5 樓
電　　話／（02）2218-3277
傳　　真／（02）2218-3239（訂書專線）單次郵購總金額未滿 500 元（含），請加 80 元掛號費
劃撥帳號／19911841
戶　　名／世茂出版有限公司
世茂網站／www.coolbooks.com.tw
排版製版／辰皓國際出版製作有限公司
印　　刷／傳興彩色印刷有限公司
初版一刷／2022 年 1 月
I S B N／978-986-5408-71-8
定　　價／360 元